語り合いを生む
教育実践研究

教育方法 53 | 日本教育方法学会編

図書文化

はじめに

　「語り合いを生む教育実践研究」のコンセプトで本号が編まれることになったのは，それが教育方法学の一つの重要な研究的アプローチであると同時に，そこに未解明の課題が置かれつづけ，さらに新たな試みが提出されだしている事態を重視したからである。実践研究の代表ともいえる授業研究は，先行研究も多く，特色の出し方はむずかしいが，近年の状況を勘案して挑戦することとした。

　新たな課題の一つは，教師の長時間労働と働き方改革にかかわって生まれてきている。労働時間は教育方法学にとって本来周辺的課題だが，教育実践研究に大きな影響を与えている。文部科学省の調査によれば，時間外労働が月あたり20時間あまり減り，教師に負わされていた業務の一部の削減や見直しが進んでいるとされるが，根本的な解決につながる教職員定数の改善は進まず，教師の職務の見直しは中央教育審議会等で検討が始まったばかりであり，歩みは遅い。長時間労働が，職務のゆとりを奪い，創造的な実践に取り組む時間と意欲を奪っていることも明らかである。ところが，こうした教師の状況を勘案した実践研究がよくも悪くも模索されだしている。これが一つめである。

　他方で，従来どおりの問題も存在している。学校ごとの授業研究・実践研究が上意下達の伝達講習に陥り，特定の型など講師の主張を聞くだけの場となり，個々の教師の期待と乖離する問題である。これに抗う試みが行われるようになり，教師の意見を聞き合い，忌憚のない意見交換を生み出す授業研究それ自体が多様に追求されだしている。これが二つめである。

　上記のいずれでもない取組みの方向も生まれている。働き方改革とかかわらせて語られることもあるが，教師に求められる「資質・能力」をそもそもから捉え直し，研修内容を見直そうとする動きである。職務が変われば，教育実践研究の内容や取組み方も当然影響を受ける。例えば，「教育のDX」とこれへの対応，あるいは多様化する子どもに対応した教育など新たな教育課題と取組み方に関する議論が織り込まれるようになっている。いまだ不透明だが，変

化に応じて教師の力量や形成過程も変わることを意識したものが三つめである。

今回は，こうした諸状況を踏まえつつ，教師と授業研究者との関係という観点からの考察を第Ⅰ部「授業実践について語り合うことの葛藤と魅力」とし，教育実践の担い手である教師と授業研究者との関係を互いに実り多い公正な関係に編み上げていくために必要な考え方や取組み方を提示した。第Ⅱ部「教師の成長を支える教育実践の創造」では，授業研究者の教育実践への理論的・実践的アプローチの枠組自体を検討することとした。第Ⅲ部「教育方法学の研究動向」では，教育研究の国際的動向も視野に入れて，日本のレッスン・スタディと近年の「新教育」の動向を取り上げた。

第Ⅰ部巻頭の阿部論文は，授業が断片的な知識の切り売りに陥り，高次の学力の形成もかけ声だけで劣化し，授業研究も崩壊しているとする。その要因に教師を非専門職に押しとどめる施策があるとする。これに対して市町村教育委員会と校内研究レベルからの再構築，研究的リーダー養成の再構築を提案する。

続いて実践者と授業研究者の関係構造と場が異なる3つの報告を配置した。

まず現職教師の教職大学院生と指導担当という関係構造の綿引・杉本論文では，実践への取組みと意見交換の経緯を示しながら，大学院における授業実践者と研究者が共に歩むとは何かが語られる。両者が互いに授業研究上の悩みや葛藤を実践に即して共有し尊重する必要と取組みが注目ポイントとなっている。

次の佐久間と菊池の関係構造は，学校外での自主的な「授業のカンファレンス」における教師と授業研究者という位置取りである。ここでは，教師が自分の実践を書いて報告する意味と参加者がそのナラティブを聴く意味とが，それぞれの声を物語として外在化し，それを聴き遂げることだと提案される。

渡辺と佐藤の場合は，校内研究における講師と教師という学校における語り合いの事例である。「教える－教えられる」関係性とは異なった校内研究をつくるために，実践者の校内での取組みと，実践の評価とは違った講師のかかわり方，特に実践からの気づき中心の対話の重要さが語られる。

第Ⅱ部「教師の成長を支える教育実践の創造」の草原論文は，教育方法学的

知の生成を職業研究者による学術共同体の内部と外部に還流させる構造をもつものと捉え，市民的科学との交流並びに政策的提言との関係として考察する。そこから教育方法学的知の捉え直しと社会や民主主義とのかかわり方が提案される。

　香川論文は，授業実践に「正解」も「不正解」もないとする言説に対して，板倉聖宣の科学教育論を主として取り上げ，そこに民主主義を体現する科学があり，科学に基づいて選び取る意義と「正解」の在処を提示する。

　城丸章夫の「子どもの生活と遊びの指導」論を検討した中村（新井）論文は，城丸の遊び論の構造を解析し，その把握に「遊び心」という観点の追加を提案した河崎道夫の主張の意味を提起する。

　南浦論文は，多言語文化に由来する子どもたちへのカリキュラムを日本語アプローチ，多言語・多文化アプローチ，学校全体アプローチ，学校外連携アプローチの4つに類別し，それぞれの担い手や課題を整理する。そのうえで単独のアプローチで解決するものではなく，状況に合わせた最適化の必要が説かれる。

　第Ⅲ部「教育方法学の研究動向」として北田論文は，日本のレッスン・スタディの世界における研究動向を主に世界授業研究学会（WALS）と日本国内における動向でレビューし，授業研究史に学ぶべきことなど3つの課題を提出する。

　橘高論文は，進歩主義教育の誕生から説き起こし，その後の新教育（new education）と国家や産業との関係に関する議論を紹介し，近年の実践として「学びの共同体」とイタリアのレッジョ・エミリアの教育を紹介し，多様な人々の個性と文化が響き合う公共圏の追求が続いていることを示す。

　このところ「学び続ける教師」というフレーズがしばしば語られるが，学びの内容を定型化したのでは劣化は避けられない。定まった登山道を歩むのではなく，教師自身による内容と学び方の絶えざる更新と共に開拓的な実践研究があることを意識する一助に本書がなれば幸いである。

2024年8月

　　　　　　　　　　　　　　　　　　日本教育方法学会代表理事　子安　潤

目次
教育方法53

はじめに　　　　　　　　　　　　　　　　　　　　　　子安　潤　3

第Ⅰ部　授業実践について語り合うことの葛藤と魅力

1　授業の劣化と授業研究の崩壊，その原因と再構築の可能性
　　―専門職としての教師の危機と再生の切り口―　　　阿部　昇　10

　　1　小学校・中学校の授業が劣化している　11
　　2　小学校・中学校の授業研究が崩壊しつつある　13
　　3　授業劣化・授業研究崩壊の要因
　　　　―教師非専門職化・研究の自由の侵害・教員養成の空洞化・多忙化―　14
　　4　再構築の可能性とその切り口　17
　　5　組織的な研究リーダー養成の重要性　21

2　実践者と研究者とが共に歩む授業づくりと授業改善の過程
　　　　　　　　　　　　　　　　　　　　綿引 基子／杉本 憲子　24

　　1　授業研究における実践者と研究者とのかかわり　24
　　2　授業づくり・授業改善の過程　25
　　3　授業づくり・授業改善の過程を共にして　33

3　教師と研究者が実践を語り合う意義と葛藤
　　―ナラティブ・アプローチによる授業研究の再評価―
　　　　　　　　　　　　　　　　　　　　佐久間 亜紀／菊池 友也　40

　　1　はじめに　40
　　2　「第三土曜の会」における授業研究　42
　　3　教師が実践を語る意義と葛藤　43
　　4　教師が授業について書くことの意義 ── 学級通信への発展　46
　　5　ナラティブ・アプローチとしての授業研究　49

4 日常と切り離さない校内授業研究のために
　　―「教える-教えられる」の関係性を超えて―
　　　　　　　　　　　　　　　　　　　　　　渡辺 貴裕／佐藤 由佳　52

　1　はじめに　52
　2　佐藤の問題意識と取組み　53
　3　渡辺の問題意識と取組み　56
　4　双方の視点からみた国分寺四小での事例　59
　5　おわりに　65

第Ⅱ部　教師の成長を支える教育実践の創造

1 教育方法学の知はいかに生成され，生かされるべきか
　　―シチズンサイエンスとアドボカシーの観点から―　　草原 和博　70

　1　教育方法学の知　70
　2　シチズンサイエンスと知の生成　71
　3　アドボカシーと社会への働きかけ　74
　4　教育方法学の知，再考　76

2 授業実践が民主主義と科学を必要とする理由
　　―「正解はない」とされる時代の授業づくりのために―　　香川 七海　80

　1　「教育に正解はない」？　80
　2　授業実践の目的　81
　3　民主主義と科学 ── 授業を通して科学を学ぶ　84
　4　科学史学者・板倉聖宣の科学教育論　86
　5　科学への反証可能性とその限界　88
　6　一応の結論としての授業の「正解」について　90

3　子どもの生活と遊びの指導　　　　　　　　　　　中村（新井）清二　96

　　1　「学び」と遊び　96
　　2　子どもの生活と遊び　98
　　3　面白さを追求する「あそび」の指導　101
　　4　城丸の遊びの論の特質と課題　106

4　言語と文化の多様な子どもが共に生きる学校と授業
　　―学校全体で引き受けるための４つの視点―　　　南浦 涼介　112

　　1　外国人児童生徒の教育をカリキュラムにひらく　112
　　2　学校全体で引き受けるための４つのアプローチ　113
　　3　４つのアプローチと関係者の関係を整理するツールと対話　118

第Ⅲ部　教育方法学の研究動向

1　国際的な教育学研究における日本のレッスン・スタディの意義と課題
　　―「教育方法学研究としての授業研究」の視点から―　　北田 佳子　126

　　1　はじめに　126
　　2　レッスン・スタディの国際的な展開と動向　127
　　3　日本のレッスン・スタディをめぐる議論　129
　　4　「教育方法学研究としての授業研究」の意義と課題　131
　　5　おわりに　132

2　国内外における新教育研究・実践の展開と教育方法学の課題
　　　　　　　　　　　　　　　　　　　　　　　　　橘髙 佳恵　136

　　1　新教育の誕生　136
　　2　新教育の現在　137
　　3　新教育の未来へ　141
　　4　おわりに　143

I

授業実践について語り合うことの葛藤と魅力

1　授業の劣化と授業研究の崩壊,その原因と再構築の可能性
　　　──専門職としての教師の危機と再生の切り口──

2　実践者と研究者とが共に歩む授業づくりと授業改善の過程

3　教師と研究者が実践を語り合う意義と葛藤
　　　──ナラティブ・アプローチによる授業研究の再評価──

4　日常と切り離さない校内授業研究のために
　　　──「教える－教えられる」の関係性を超えて──

1 授業の劣化と授業研究の崩壊，その原因と再構築の可能性
―専門職としての教師の危機と再生の切り口―

秋田大学名誉教授　**阿部　昇**

　いま，日本の小学校・中学校の授業が劣化しつつある。相変わらず断片的な知識の切り売りとスキルの訓練が中心である。それらさえもできていない授業も少なくない。それゆえいま求められている高次の学力としての批判的思考力や主体性判断力，構造的認知力，メタ認知力などはほとんど育てられていない。「見方・考え方」「思考力，判断力，表現力」などはかけ声だけである[1]。

　確かに子どもの話し合いを取り入れる授業は増えてきている。しかし，話し合いをするだけで，それによって子どもに新たな気づきや発見は生まれてこない。話し合い・対話によって子どもが相互に異質な見方をぶつけ合い，試行錯誤をし，新たな発見や新たな仮説を生み出していくという授業は稀である。

　子どもたちが市民・国民・主権者としてよりよく生きるためにそれら高次の学力は必須だが，そのような状況からそれが保障できていない。社会・世界もよりよいものとなっていかない。例えば主権者として備えるべき「政治的教養」はほぼ身についていない。社会の情報を広く収集し，それを多面的・批判的に分析・検討しつつ主体的に評価・判断していく力（方法）は，社会科をはじめどの教科においても育てられていない。だから政治的な無関心が生まれる。世界的にも異常な投票率の低さはそのわかりやすい例である。

　そして，その授業の劣化と深くかかわるのが，学校現場での授業研究の崩壊である。「校内研修会」は，全国でそれなりに実施されている。しかし，それが，子どもに確かで質の高い学力を保障できるような授業を生み出すことにつながっていない。形骸化した中身の薄い授業研究が，あまりにも多い。

　本稿では，日本の授業の劣化とそれに深くかかわる授業研究の崩壊に着目しながら，それらを再構築する可能性について考えていく。

❶ 小学校・中学校の授業が劣化している

「学力」といっても、そこにはさまざまな要素がある。ここではそれを二つの層に分けて考える。一層目は、知識やスキルを中心とした学力である。二層目は、それらを基礎としながら、より高度な認知をするための学力である。例えば批判的思考力、主体的判断力、仮説設定力、そして論理的思考力、構造的認知力、問題解決力、メタ認知力、発信力などがそこに位置づく。

子どもたちは、一層目・二層目いずれの学力も確かに身につけて学校を卒業していく権利がある。しかし、それが実現できていない。

(1) 学力格差が縮まることのない授業 ── 一層目の学力

一層目の学力としての知識・スキルである。算数・数学であれば公式を知っていて、計算問題が解ける。文章問題も解ける。社会科であれば歴史の事実を知っている。それらのつながりもある程度まではわかる。国語科であれば文章や作品を読むための基本的なスキルを身につけているなどである。

これらは、授業劣化とはいっても子どもによってある程度までは身についている。ただし、その身につき方には大きな格差がある。知識・スキルを身につけている子どもの多くは、比較的裕福な階層の家庭である。年齢の低い頃から学校だけでなく塾に通っていたり家庭教師の指導を受けていたりしている場合が比較的多い。また、そもそも家庭の文化が相対的に豊かであることが多い。家庭の蔵書数が多かったり、小さい頃から多彩な文化的経験をより多くしている。いわゆる「恵まれた子ども」である。知識・スキルを身につけられていない子どもたちは、その逆ということになる。これはさまざまな調査からみえてきている強い傾向である[2]。この格差は学年が上がるにつれて大きくなる。

学校の授業では、すべての子どもに確かな知識・スキルを育てていく必要がある。当然のこととして上記の格差をなくしていくことこそが求められる。どの家庭に生まれたか、どういう環境で育ったかに関係なく、どの子どもにも確かな知識・スキルを身につけさせる必要がある。それはすべての子どもの権利である。しかし、日々の授業などでそれらの格差は、わずかしか縮まることは

ない。それどころか，それらの格差を拡大している場合も多い。

　格差が縮まらず子どもに確かな学力が身についていかない原因の一つは，教師が当該教科において子どもに身につけるべき学力とは何かを十分に把握できていないことにある。例えば国語科の場合，文章・小説を読むことを通してどういう「読みの方法」を学ばせるか，どういう「読みの力」をつけるかが曖昧なままである。ただ内容を理解し確認し感想を述べるなどのルーティーンを繰り返すだけの授業が多い。それでは基本的な言語の能力は身についていかない。社会科・歴史の場合，断片的な知識・情報（事実）を与えるだけである。歴史の文脈やその知識・情報（事実）がもつ意味などにはほとんどふれない[3]。

(2)　高次の学力を育てることのない授業 ── 二層目の学力

　二層目の学力には，いまあげた批判的思考力，主体的判断力，仮説設定力，論理的思考力，構造的認知力，問題解決力，メタ認知力，発信力などがある。高次の学力であり学習指導要領の「見方・考え方」「思考力，判断力，表現力」とある程度までは重なる。OECDのPISA学力とも重なる部分も多い。これらについては，未達成の授業が圧倒的に多い[4]。

　二層目の学力についてもさまざまな捉え方があるが，ここではその代表的なものである批判的思考力について考えてみる。批判的思考力こそ主権者として必要な学力であり，仮説や新しい見方・主張を生み出す際に必要不可欠の学力である。国語科であれば説明的文章や文学作品を評価・検討しながら，その文章・作品の優れた点を見つけ出すと同時に不十分な点・問題点，納得できない点・共感できない点を解明し，表現・発信していく学力である。社会科の歴史であれば歴史の記述を読み比べながら，その事実の記述の取捨選択や表現の妥当性を評価・批判していくことにつながる学力である。これらは，主権者として政治のあり方に参加する際に生きる学力でもある。意見を表明したり現状に異議申し立てをしたり一票を投じたりする際に生きていく。理科の授業でも数学の授業でも外国語の授業でも家庭科の授業でも批判的思考力を育てる必要がある。批判的思考力は，仮説設定力，メタ認知力，発信力とも深くかかわる。

　学習指導要領にも「文章を批判的に読みながら（中略）考える」（国語），「調

査の方法や結果を批判的に考察したりする力」(算数・数学)などの記述が入ってきた。連動して教科書にもそれに対応する記述が位置づけられつつある。

しかし，多くの授業では，これらの学力の育成はきわめて不十分にしかできていない。そもそも教師が，これらの学力を意識・認識できていない。教師自身も小中高でそういう授業を受けていない。大学の教員養成課程でもそれにかかわる指導を受けていない。批判的思考力を授業の目標とするためには，(汎教科的要素もあるが)それぞれの教科で教科内容研究をしなければならない。そのためのていねいな教材研究も必要である。それらがほとんどできていない。

授業で第二層の学力を保障することは，残念ながらほとんどできていない。その意味で第二層の学力の保障に関しては，劣化未満とさえいえる。

❷ 小学校・中学校の授業研究が崩壊しつつある

授業の劣化と深くかかわるのが，小中学校での授業研究の崩壊である。第一層・第二層の学力をすべての子どもに保障するには，質の高い授業研究が必須である。一人一人の教師の研究も大切だが，それだけでは限界がある。教師が共同して切磋琢磨しながら研究を展開する必要がある。共同研究である。しかし，校内研究会を中心とした授業の共同研究が大きく崩れてきている。

それでも日本の学校現場では，戦後において教師集団が共同で研究を進めていくシステムがそれなりに機能してきた。民間教育研究運動，附属学校の研究，教職員組合の教育研究活動などが，全国の学校の共同研究をある程度までリードしてきた歴史がある。しかし，それらがいまかつてのように機能していない。それが，❶で述べた授業の劣化を生み出すこととも深くかかわっている。

それでも全国の学校に「校内研修会」という「共同研究」は存在する。ところが，その多くは形骸化し共同研究としての内実がない場合が多い。校内研究で研究授業を担当する教師は，ほぼ孤立無援で授業を準備する。周囲の教師は指導案の形式などについて助言をするくらいである。教材研究も授業の目標(ねらい)も指導案も，ほぼ担当教師が一人で準備する。それを孤立無援とさ

え感じないで「一人で準備するのがあたりまえ」がスタンダードとなっている。

　研究授業の後の協議会の場では，意見はわずかしか出てこない。ワークショップ型で意見を出せるようにしても賞賛だけである。せいぜい同じ教科の教師や助言者が若干の課題を述べ最後に拍手で終わる。そして，その授業も協議会の検討内容も，すぐに忘れ誰も二度と思い返すことはない。消化すべき儀式に近い。そういった研究で専門職としての教師の授業力量が伸びるはずがない。

　そうなっている原因はさまざまにあるが，まずは質の高い共同研究のあり方を教師集団の中で知る者がいないという状況がある。多くの学校に研究主任がいる。指導主事がかかわることもある。しかし，研究主任はもちろん指導主事でさえ共同研究のモデルを知らない場合が多い。校長・副校長・教頭などの管理職も知らない。特に事前の準備段階から共同で授業を創っていくという発想自体がない。当日の協議会でもほめるだけの研究でよいと考えている[5]。

　仮に共同研究の大切さを耳にして事前研究から共同で授業を創ろうとしても，協議会で相互に課題・改善点を指摘し合おうとしても，それをリードしコーディネートできる研究リーダーがいない。さらに，そもそも質の高い授業をイメージできる教師がきわめて少なくなりつつある。

❸　授業劣化・授業研究崩壊の要因
―― 教師非専門職化・研究の自由の侵害・教員養成の空洞化・多忙化

　授業の劣化とそれに深くかかわる授業研究の崩壊について，その原因を探っていきたい。これにはさまざま原因があるが，特に大きな要因は，教師非専門職化の流れ，研究の自由の侵害，教員養成の空洞化，多忙化とフラット化である。

（1）教師非専門職化の流れと教育・教育研究の自由の侵害

　教師は，医師，弁護士（法律家）などと並ぶ専門職である。職業に貴賤がないことは当然であるが，社会が「専門職」を設定しそれを擁護していくというシステムは重要である。専門職の要件として例えば社会的責任の重さ，高等教

育による養成を経ること，一定以上の身分の保障と自由裁量権，継続的な研究システムの存在などがあるが，それらによって専門職性を保障することには大きな意味がある。しかし，それをあからさまに否定する論調が増えつつある。

竹中平蔵は教師のあり方について「デジタルシフトが徹底された教育システムでは，極端に言えば，通常の知識伝達の授業を担当する人は，極端な場合各教科に全国で一人いればよいのです」と述べる。そして教師の役割は「教える，ではなく，カウンセラーのように生徒のケア，という役割へ，根本的な変化が起きるのです」と続ける[6]。知識伝達であっても，教師が子ども一人一人の状況を的確に把握し，子ども相互の関係性に配慮しながら指導を展開しないと学習は成立しない。二層目の学力にいたっては，さらに高い専門性が求められる。動画でよいケアでよいというのは，教師の専門職性を軽くみているからである。

その専門職性の軽視は，同時に専門職としての教師の研究の自由を認めようとしないことともつながっている。中央教育審議会「令和の日本型学校教育」を担う教師のあり方特別部会の審議のまとめでは「教師は『学び続ける存在』」であるべきことを指摘し，「高度な専門職である教師にふさわしい主体的な姿勢の尊重，教師の学びが画一的・規格的なものに陥らないような学びの内容の多様性」を重視すべきこと，「変化を前向きに受け止め，探究心を持ちつつ自律的に学ぶという教師の主体的な姿勢」が重要であることが述べられている。一見教師の専門職性を重視しているようにみえるが，一方で「教師が任命権者や服務監督権者・学校管理職等のニーズも踏まえて，『将来の姿』を適切に設定することができるようにするためには」「任命権者や服務監督権者・学校管理職等が個々の学びを把握し，教師の研修受講履歴を記録・管理していくこと」が必要と述べる。そして「期待する水準の研修を受けていると到底認められない場合」には「職務命令に基づき研修を受講させることが必要となる」が，「職務命令に従わない」場合は「懲戒処分の対象となり得る」としている[7]。任命権者や管理職が好まない研究は認めないという姿勢が明確に読める。これが文部科学省の教育行政の指針ともなっている。

こういうなかで多様で自由な教育実践や授業研究・共同研究を生み出してい

くことはむずかしい。教科内容も学習指導要領や教科書検定によって厳しく管理・統制されている。

　そして，管理の体制は，教師集団のタテの関係を強固にしている。従来教師集団の関係性はフラット型だったが，職員会議の権限を弱め校長の権限を強化するなどピラミッド型になりつつある。これも授業研究・共同研究を形式的なものとすることにかかわる。

(2) 教育現場の異常な多忙化と授業研究の関係

　小中学校の現場は，いま異常ともいえるレベルの多忙化に見舞われている。残業が週80時間以上で過労死ラインを明らかに超えている教師が，小学校14.2％，中学校36.6％という実態である[8]。

　改善の方法は明らかで，財政的な措置を講じて教師の数を増やせばすぐに事態を変えることができる。部活動の指導なども，財政的な措置を講じ外部の専門家の仕事として教師の職務から外せばよいだけのことである。それらをすることなく，小手先の「改善」でお茶を濁すだけである[9]。

　その多忙化が，教師が子どもとかかわる時間，子どもを指導する時間を奪っているだけでなく，授業のための一人一人の研究の時間も奪っている。事前研究を含む共同研究の時間も奪っている[10]。これは上に述べた教師を専門職としてみることをやめはじめていることの一つの証左ともいえる。これらは財政的な措置さえ講じればそれほどむずかしいことはないはずだが，国も地方自治体もまったく手をつけようとしない。

(3) 大学の教員養成課程の空洞化 ―― 専門職を育てられていない

　小中学校の授業が劣化し授業研究が崩壊しつつある原因の一つに，大学の教員養成課程の空洞化がある。大学で教師としての専門職性が十分に育てられていない。それは，教員養成課程の大学の教師の力量が不足しているからである。

　例えば教科教育分野では，小中学校で子どもにどういう力をつけるかという教科内容についての指導が弱い。国語科だと文学や文章論などの講義はあっても，肝心の子どもに育て身につけさせるべき教科内容の指導が貧しい。知識・スキルレベルも弱いが，第二層の批判的思考力など高次の学力についてはほと

んどふれられない。だから，学生たちは教師になっても授業でどういう力を子どもに保障していくべきかを知らない。教材研究の方法も身についていない。

　授業構築の力も育てられていない。模擬授業を実施したり附属学校の授業を参観し検討したりというプログラムは増えている。しかし，どうすれば子ども相互の対話によって新しい発見を生み出す授業が展開できるか，子どもの探究の質を高めるにはどういう手だてが必要かなどについての具体的指導はない。

　教員養成課程の大学教師の力量不足は，その大学教師を養成する大学院のあり方ともかかわる。大学院を出て修士・博士を取得すれば，さほど力量を問われることなく教員養成課程の大学の教師になることができる。最近では教育現場や教育委員会出身の大学教師も多い。その場合も修士・博士を取得すれば，さほど専門性を問われることなく教員養成課程の大学教師になれる。いま改めて問われるべきは，修士・博士取得の指導のあり方を含む大学院の大学教員養成システムである（さらにそれらのあり方は，それぞれの教員養成系の学会のあり方の問題性ともリンクする。学校現場の授業や授業研究の質を高めることにつながらない研究があまりにも多い。「御用学会」化している学会もある）。

❹　再構築の可能性とその切り口

　二つの層の学力を子どもに保障できていないという授業の劣化とそれと深くかかわる授業研究の崩壊は，絶望的ともいえる状況である。ただし，そういうなかでもそれらを再構築する方略・方法を考え実行していく必要がある。

(1)　教育政策をはじめとするさまざまな角度からの再構築

　再構築には，教師を専門職とみなさない状況を変え，教育・教育研究の自由を保障していくこと，多忙化を解消し授業研究の時間を保障すること，大学の教員養成のあり方を変えることなどさまざまな角度からの変革が必要となる。

　そういうなかで比較的すぐに取り組め実行できる切り口として，市町村教育委員会単位での授業および授業研究の改善・改革をあげることができる。実際にさまざまな改善・改革が行われ，成果を上げている地域・学校もある。私自

身もいくつかの市町村教育委員会の授業および授業研究の改善・改革にかかわってきたが，そのなかには目に見えるかたちで変化が生まれている地域・学校がある[11]。ここでは，その切り口に絞り，再構築の可能性について考えていく。

(2) 市町村教育委員会単位の再構築の可能性

　最終的にはそれぞれの学校の校内研究会の改善・改革が大切である。ただし，個別の取組みだけだと学校による差異が生まれる。管理職や研究リーダーの力にもバラツキがある。改善・改革は複数の学校の連携によって進めていくことが重要である。その連携を市町村教育委員会単位で行っていくことで組織的計画的に改善・改革を進めることができる。助言者招聘の予算も準備しやすい。

　都道府県教育委員会がリードして授業研究の改善・改革を進めるという筋道もある。実際それをある程度まで実現し成果をあげている例もある。しかし，都道府県教育委員会単位だと動きが鈍くなる可能性がある。取組みの速さという点で市町村教育委員会単位の改善・改革が有効である。市町村教育委員会の小中学校がさまざまに連携し，組織的・計画的に授業研究を変えていくのである。市の規模が大きい場合は，いくつかのブロックに分けて進めていくことでより有効に改善・改革が進められるようになる。

(3) 市町村教育委員会で授業および授業研究を改善・改革する際の方略

　市町村教育委員会の各学校が連携して授業および授業研究の改善・改革を進めていく際に，いくつか前提となる要件がある。これらの要件をクリアできれば，市町村での授業および授業研究の改善・改革の可能性はより高まっていく。

　まず，市町村教育委員会教育長のリーダーシップである。教育長が本気になっている市町村教育委員会の授業研究の改善・改革は成功の確率がより高い。次に，市町村教育委員会内の小中学校の校長（会）のリーダーシップである。実際に授業研究をリードするのは研究主任だが，校長の強い支えがあってこそである。教育長が校長の力を引き出している例もある。市町村の校長相互の関係性のなかでそれが高まる場合もある。加えて，授業研究をリードする役割の市町村教育委員会の指導主事あるいはそれに準じる教師の存在も大切である。

　教師集団（教職員）が，授業研究の改善・改革を発議し，市町村教育委員会

の校長（会），教育長を動かしていくという筋道もある。状況によっては簡単に事態が動かないことがあるが，全国の成功例を示したり具体的な改善・改革案を提示したりして継続的に働きかけていくことが重要である。

　そして，各学校の研究主任の力である。まず誰を研究主任にするかが重要となる。20代前半の教師を研究主任にしている学校があるが，リーダーでなく「世話役」になることが多い。授業力量が一定以上で授業研究をリードできる力をもつ教師を研究主任にする必要がある。研究主任が軸となって学校の授業研究をリードしていく。そのかわり研究主任には重い校務分掌を割り振らないなどの配慮がぜひ必要である。さらには研究主任をトップとする研究部や教科主任の存在も大きい。それを校長・副校長・教頭がていねいにサポートする。

　もう一つは外部助言者の存在である。年間を通して市町村教育委員会の授業研究の改善・改革を，指導主事や研究主任とともに強力にリードする役割である。各学校の校内研修会の助言も行う。これは大学教師や県指導主事などに依頼する（秋田県教育委員会には「教育専門監」の役職があり，複数校の授業研究をリードしている）。その選定・依頼が重要だが，期待どおりのリーダーシップを発揮できる助言者であれば複数年度にわたって依頼していくべきである。

　そして，教育長，市町村教育委員会指導主事（それに準じる教師），校長（会），研究主任（会），助言者などが中心となり改善・改革計画を立て提案していく。

(4)　校内研究会で共同研究をどう実質化していったらよいか

　市町村教育委員会の学校が連携しつつ各学校の校内研究会を進めていくが，それを実質的な共同研究とするために，まず研究授業の事前研究を重く位置づける必要がある。研究チームを設け，事前研究を共同研究として進めていく。

　事前研究のメンバーは，①研究授業担当教師，②研究主任，③研究授業の教科を専門とする教師，④その教科を専門としない教師などから構成する。その教科を専門としない教師が入ることが重要である。事前研究会では，教材研究，目標（ねらい）の設定，単元計画作成，本時案作成，細案作成，模擬授業などを行う。事前研究会の何回かには助言者に加わってもらう。直接参加できない場合は，指導案等を事前に送りオンライン（Zoomなど）で参加してもらう（校

内研究会当日だけの訪問では，有効で中身のある助言はむずかしい)。
　そして研究授業を研究チームが提案するというスタンスで構築していく。研究授業担当教師は，チームの代表として授業を行うという姿勢である。チームメンバーは，授業後の協議会でも研究授業を自分の授業として捉える。
　校内研究会当日の授業後の協議会は，ワークショップ型で行う。5〜6人前後のグループに分かれる。付箋に成果と課題を書き，グループに持ち寄る。コメントをしつつそれを模造紙に貼り，カテゴリーに分けていく。そして，課題・改善点を論議しつつ，ラベリングをしていく……というかたちである。論議はできるだけ課題や改善点を中心に行う。そのうえでそれを全体に発表する。その後，短い休憩をとるが，その間に研究主任，助言者，グループの司会（リーダー）などが集まり，グループから出た課題のどの点について「代案」を考えるか決める。休憩後それを全体に発表し，グループごとに代案を考え全体に発表する。最後に助言者のコメントと研究授業担当教師のコメントがくる。
　代案を出さない協議会が多いが，代案を出すことで次につながる授業改善の切り口がみえてくる。それにより普段から代案を考えつつ，授業を参観し合う習慣も生まれる。
　こういった校内研究会の改善・改革を，市町村教育委員会内の学校が連携し進めていく。小中連携研究がきわめて有効だが，そこにいたる前でも研究主任や研究部教師は他の学校の校内研究会や事前研究会に参加する。市町村教育委員会内での研究主任会の定例化も必要である。校内研究会（事前研究会・協議会など）について情報交換し，相互にその質を高めていく。校長会・教頭（副校長）会も重要である。風通しのよい情報交換や検討が共同研究の質を高めていく。
　それらの連携は，結果として授業の改善・改革だけでなく教科外指導（生活指導・生徒指導）や家庭学習指導についての連携も強くしていくことになる。

❺ 組織的な研究リーダー養成の重要性

(1) 研究リーダー養成の仕組みづくり

　以上のような実質的な共同研究を実現するためには，研究リーダーの存在が不可欠である。市町村教育委員会全体をリードする役割と各学校をリードする役割がある。大学教師，県・市町村指導主事，研究主任などがその役割を担うが，それぞれの研究リーダーとしての力を継続的に高めていくことが鍵となる。

　大学教師については学会や大学でそれを行うことになるが，指導主事や研究主任については市町村教育委員会または都道府県教育委員会で研究リーダー養成研究会を戦略的に実施する必要がある。すでにそういったことに取り組んでいる教育委員会もあるが，まだその内容・質には課題が多い。教職大学院がその役割を担うこととも考えられるが，残念ながらその能力にはバラツキがある。確実なのは市町村教育委員会独自に指導主事，研究主任，次期研究主任候補などの研究リーダーの力を高めていく仕かけをつくることである。

　例えば招聘している助言者やそれ以外の授業研究の専門家を講師にリーダー養成研究会を連続して開催する。そこでは，共同研究を実質化するための校内研究会の方略・方法，最先端の教材研究の方法，有効な目標（ねらい）設定の方法（教科内容研究），対話的な学びを学力育成につなげる授業構築の方法などを取り上げていく。さらには，研究的模擬授業や授業のストップモーション分析，談話分析など臨床的な研究も必要である。その実現には有能な講師の選択が重要である。市町村教育委員会が講師の質を吟味し見きわめ，依頼していく必要がある。

　また，指導主事，研究主任，次期研究主任候補などは，できるだけ評価の高い全国の授業研究会に複数回参加してもらう。もちろん公費による参加である。

(2) 大学の教師が果たす役割

　教員養成にかかわる大学教師が日本の授業および授業研究の改善・改革に果たす役割は大きい。もっと数多く小中学校の現場に足を運び，授業および授業研究の改善・改革をリードする役割を担う必要がある。県や市町村の指導主事

などが市町村教育委員会の授業研究をリードすることは重要だが，それとは違った質の専門性をもつ外部の存在である大学の教師の役割は大きい。

　それを現実のものとするため大学の教師は，現場の研究をリードできるだけの力を身につけないといけない。現場に足を運びつつ学会や研究会で授業と授業研究を改善・改革するための方略・方法を研究していく必要がある。教科内容，目標（ねらい），授業構築，教材研究などの質を高めるための方略・方法の研究である。専門分野を超えた研究も求められる。

　それが教員養成にかかわる大学の教師の社会的責務である。それらの活動が自分自身の研究を高めることにもつながっていく。同時にその実績を大学教師の業績として高く評価していく必要もある。

　授業の劣化と授業研究の崩壊はいま確かに進行している。ただし，それは校内暴力などに比べてみえにくい。授業の劣化の実態そして授業研究の崩壊の実態を把握し，それらを改善・改革していく必要がある。

　それを実行しないと，子どもたちは学力を保障されないまま無権利状態で社会に出ていくことになる。

〈注〉
1) 高等学校の授業にもさまざまな問題があるが，本稿では市町村立の学校が多い小学校・中学校に絞り検討を進める。
2) 志水宏吉は家庭の文化資本が子どもの学力の格差に深くかかわることを指摘している。「親の『富』と『願望』が子供の将来を決めるようになる。それがペアレントクラシーです。経済的・文化的に恵まれた家庭に生まれた子供が，学力でも経験でも抜きんでて，普通の家庭の子では太刀打ちできない。ペアレントクラシーのもとでは，経済格差だけでなく『文化資本』の格差が教育格差に結びつきます。」『朝日新聞』2024年2月15日。
3) 学力格差が改善されない原因の一つに，学力を保障するための補充的学習が不十分であることもある。❸-2で述べる教師の不足，多忙化がそのこととかかわる。
4) さまざまな学力調査の設問単位の結果をみると，第二層の学力が子どもに身についていないことがわかる。また，公開されている学習指導案・授業記録を見ても，第二層の学力を育てることにつながる授業はきわめて少ない。私が全国の小中学

校を訪問しても第二層にかかわる授業に出会うことは稀にしかない。
5）石井英真はこういう校内研究会の状況について「研究協議では，司会者が参加者の発言をどのように繋げていけばよいのかに苦慮し，活発な研究協議にならない場合が多く見られました。」と述べている。石井英真（2018）『授業改善 8 つのアクション』東洋館出版.
6）竹中平蔵（2020）『ポストコロナの「日本改造計画」―デジタル資本主義で強者となるビジョン』PHP 研究所.
7）中央教育審議会（2021）「令和の日本型学校教育」を担う教師の在り方特別部会「『令和の日本型学校教育』を担う新たな教師の学びの姿の実現に向けて（審議まとめ）」.
8）文部科学省（2022）「教員勤務実態調査」.
9）中央教育審議会初等中等分科会・質の高い教師の確保特別部会（2024）「『令和の日本型教育』を担う質の高い教師の確保のための環境整備に関する総合的な方策について」（審議のまとめ）では，教職調整額を 4% から 10% にする，勤務間インターバルの導入，教科担任制などが示されているが，いずれも小手先の施策にすぎない。これを繰り返していても事態が大きく動くことはない。
10）文部科学省国立大学改革強化推進補助金「大学間連携による教員養成の高度化支援システムの構築―教員養成ルネサンス・HATO プロジェクト―教員の仕事と意識に関する調査」（2016）では，教師の仕事の悩み・不安の第一は「授業の準備をする時間が足りない」である。
11）私はこれまでかなりの数の市町村教育委員会の授業および授業研究の改善・改革にかかわり助言をしてきた。市町村名は避けるが，北海道，秋田県，福島県，埼玉県，高知県などの市町村教育委員会である。その中のいくつもの教育委員会の授業および授業研究が変わったその現場に立ち会ってきた。

2 実践者と研究者とが共に歩む授業づくりと授業改善の過程

茨城県公立小学校 **綿引 基子**／茨城大学 **杉本 憲子**

❶ 授業研究における実践者と研究者とのかかわり

　授業研究は，どのような授業を構想するか，実際にはどのような学びが成立したか，どこに課題があったのか等々，目の前の子どもに即して検討し改善を図る，教師の自律性が生きる営みである。一方，今日の学校はさまざまな対応や変化が求められ，情報化の進展とも相まって，今後の教育にかかわる多くの言葉や情報の中にある。石川は，教師の実践の記述や研究授業をめぐる協議など，現在の学校や教師に使用されていることばに着目し，新しい教育の展望やイメージを語ることばの普及がはかられ，実践がそれを後追いしていくという事態を指摘する。授業分析を実践研究の基本原理とすることは，借り物のことばに安易に依拠して自分の実践や子どもの可能性や課題を語ってしまいがちな状況に流されずに，自分のことばをもとうとすることを意味すると述べている[1]。授業者が抱える課題や悩みに向き合い，子どもの姿・授業の事実で語り合う授業研究のもつ意味は，1時間の授業改善にとどまらない。

　授業研究における協働のかたちは多様だが，本稿では実践者と研究者とのかかわりに着目する。飯窪らは，授業研究における教師と研究者とのかかわりの理想像が，上意下達から対等な学び合いへと変化してきたこと，「対等な学び合い」と称される関係はお互いのもつ違った認識枠組みを強化し合うだけで授業研究を「前向き」に進めていかないリスクもはらむことを指摘したうえで，両者の相互作用を通じた学びのリアリティを研究している[2]。吉永は，教師の自律的な授業研究を支える協働研究という観点から，教師と研究者の関係性にかかわる論点を整理している[3]。

この実践者と研究者の関係のあり方も，最初から定まっているわけではなく，かかわり合いを通して形成され，見直される側面をもっているだろう。本稿では，筆者らが教職大学院の院生と担当教員として，授業づくり・授業改善に取り組んだ過程をもとに，実践者と研究者とのかかわりについて検討する。院生の実践研究には，勤務校の校内研究や大学での講義をはじめ多様な事柄が作用しているが，ここでは授業研究を通しての私たちのかかわりに焦点を当てる。

　綿引教諭の大学院での研究課題は，「数学的な見方・考え方を働かせ，主体的に問題を解決する力を育む算数科学習指導の在り方」であった。学年が上がるにつれて，「算数が苦手」「どのように問題を解いたらよいか見通しがもてない」等の課題が出てくると感じてきたことから，数学的な見方・考え方を働かせ，算数の学習の面白さや数学のよさが実感できる授業づくりに取り組んできた。筆者は担当教員としてかかわり，単元・授業計画の検討や授業の参観，振り返りや相互の検討等を行った。大学院1年目は実習で取り組む算数の単元を中心とした授業研究，2年目は勤務校における年間を通しての実践研究となる。2年目は，週1日の大学での研修日に計画の検討や授業の振り返りを行うことが多かったが，授業後時間を空けずにやりとりを行う場合は，メールやオンラインも活用した。

　筆者らの授業研究の経過を振り返ると，端的に言って，迷いと葛藤の過程であったというのが正直なところである。以下❷では，筆者らがどのような迷いや葛藤を抱え，何を語り合いながら授業研究に取り組んできたのか，いくつかの実践と協議の内容を取り上げて述べる。❸では，共に歩んだ授業研究から学んだことを，実践者（綿引），研究者（杉本）それぞれの立場から振り返ってみたい。

❷　授業づくり・授業改善の過程

(1) 実践の中で生じる迷い

　大学院1年目の実習で，綿引教諭は数の面白さや多様な考え方で問題解決ができることを感じられる授業にしたいと考え実践した。例えば小5算数「分数

と小数，整数」の単元終末で循環小数を取り上げた場面では，分数を小数で表した際の数の特徴や規則性を見つけようと試行錯誤しながら取り組む子どもの姿が見られた。一方，数の不思議・面白さ，現実の世界との関連，多様な考え方を生かそうとした結果，ともすると扱う内容や数が複雑になり，むずかしい・参加しにくいと感じる子もいるのではないかという点が課題となった。

　ある授業後の振り返りで，綿引教諭から「これでいいんでしょうか。かえって混乱させているのではないか。もっとわかりやすく教えたほうがいいのではないか」という迷いが語られた。こう解けばよいという方法に絞って教えることがよいとは思わないものの，実際にむずかしく感じている子どもがいるとしたらと考えると，筆者は投げかけられた問いに答えられなかった。実習終了後に授業の映像を2人で見直し，授業の展開や子どもの様子を再確認した。この点が次年度の課題になることを共通理解したが，改善のための具体的な見通しはもてなかった。

(2) 迷い・葛藤の過程での課題のとらえ直し

　大学院2年目は，前年度に自覚された課題を踏まえて，手だての具体化（見方・考え方を働かせている子どもの姿の具体化，学習問題の工夫，発言の受けとめ方，年間を通しての指導等）を図って実践することにした。筆者は算数を中心に，ときには他教科も含めて綿引教諭の学級の授業を継続的に参観した。集中的に参観した単元もあれば間が空いた期間もあり，年間で十数回の参観となった。授業後には，子どもたちの学習の様子や変化等について話し合い，参観できなかった授業は様子を聞いたり，授業記録や子どもの記述等に基づいて協議したりした。そこで共有された課題が次の授業づくりや参観の視点になっていった。

　小4「式と計算」の単元は，教諭が以前実践した際にむずかしさを感じた経験があり，多様な計算の仕方があることや一つの式で表すよさを実感できる授業に改善したいと構想にも時間をかけ，取り組んだものであった。しかし授業はなかなか意図したようにはいかず，前年度と同様の課題にぶつかることとなった。以下は，その時期の協議の一端を示したものである（Sは杉本，Wは綿引）。

協議①――求める授業づくりから派生する指導の見直しと葛藤
S「(先生は授業の中で) ごめんねって言いますね。私なら，〜してって指示してしまいそうなことでも」
W「自律的に，子どもがやりたいと思うことをやってほしい。でもごちゃごちゃになっては困る。規律は重要。子どもとの関係をどうとっていくか」
S「研究テーマと，いろんな場面の対応が一致している（多様な見方・考え方を認めたい）。研究との関係で，指導しにくくなっているのか」
W「いままでだったら，『はい，やりましょう』とすぐ指導していたが，今年はほんとうにそれで学習に向かっているなら，やらせてみようかなという感覚になっている」「主体的，自律を大事にしたい。でも一斉授業の中でと思うと，自由に何でも言えばいいというのではない」
「話したい子が中心になって授業が進んでいないだろうか。教師が押さえて聞かせるのではなくて，ほかの人の意見も聞いてみよう，となるようにしたい」

協議②――Wの作成した授業記録に基づく協議
W「自分の予想と違って，開始10分で（ ）を使って式をまとめる発言が出て，そこからいろんな方向へ行ってしまった。どう対応すればよかったか」
S「子どもの意見を聞こうとしすぎて，煩雑になっているのと，そこに時間がかかって，各自がわかっているかどうか，解いて確かめる時間がなくなっているのでは」
W「記録を起こしてみて，拾っていないと思っていたら，いままでだったら反応しなかっただろうことまで意外と拾っている。見方を広げるために，いいなと思うと吸い上げてしまうが，収拾がついていない」「いろんな意見が出る半面，ついて行けない子もいて，差が出てしまっているかもしれない。むずかしい」「しかし1回発言を切ってしまうと，言わなくなってしまう」

協議③――課題の再考
W「その時間だけ，多様な考えが出てよい授業に思えても，新しい問題で解けないのでは問題」「楽しいと思っている子には面白くなっているかもしれないが，苦手な子は受け身になっているのではないか」
「一つの単元で，見方や考え方が豊かになるというふうにはならないので，一つ一つていねいにやっていったほうがいいのではないか。誰もが考え，わかる授業をする中で，見方・考え方を豊かにする授業をしていくべきなのではないか」
W「(そのような授業をするうえでの課題として) 聞くことだと思う」
S「これまで，話したりつぶやいたりできる授業だが，話すだけでなく聞くことを大事にする」

勤務校での実践を再スタートした綿引教諭は，教師から何でも指示してしまうのではなく，子どもの主体性や個々の考え方を尊重したいと考えていた。見方・考え方を豊かに働かせる授業づくりという研究課題が，算数の授業内容や学習問題をどう設定するかだけでなく，広く自身の指導の仕方の見直し（自分は多様な子どもの考えや主体性を認められているか）を迫るものになっているようだった。子どもの動きをいったん止めて指示をするような授業場面で聞かれた「ごめんね」も，そういう意識からの言葉だと推察される（協議①）。

規律が乱れるのは問題だが，教師が発言を切ってしまうと自発的な発言が出なくなる恐れがあり，むずかしさを感じている。実際，綿引教諭の授業では，比較的自由に子どもから発言やつぶやきが出され，友達の考えにつないで発言する様子もみられた。しかし次第に，出される考え方は確かに興味深いものの，「話したい子が中心になって授業が進んでいないか」「苦手な子が受け身になっていないか」が課題となっていった。気になった場面の記録を綿引教諭が起こし，協議で活用することもあったが，筆者には場面の流れや発言のつながりがつかみにくく感じられることもあった。

授業の参観や記録に基づく協議を重ねる過程で，子どもの意見を拾おうと反応しすぎて，かえって授業が煩雑になっているのではないか，研究に位置づけた特定の単元でなく，一つ一つの単元でわかる授業をしていかなければ，見方・考え方は豊かにならないのではないか等，授業や実践研究の進め方の課題が語られた（協議②・③）。

当初は子どもたちが多様な考え方を出す・発言する（授業者がそれを取り上げ生かす）という側面に意識が向けられていたが，課題が見えてくるなかで，改めて誰もが授業に参加するという基本を重視すること，そのためには聞くことを大事にする必要があることに目が向いていった。

(3) 子どもの考え・表現が生きる授業を求めて ── 聞くこと・待つこと

上記の実践・検討を経て，一人一人が参加し，わかる授業をするという基本を意識して取り組むようになった時期の協議で，次のようなことが話された（協議④）。

> **協議④―待つことと子どもとの関係**
> W「この時間は，自分も予想しなかったことを見つけてくれていた」「子どもたちも『おおっ』という感じで納得していて，すごいなと思ってしまった」
> S「それはなぜだろう？」
> W「自分がリラックスしていた面もあったかもしれない。（研究として計画した授業は）頭のどこかに，期待する子どもの発言というのがあるのかも」
> 「いままでその場で子どもの発言に応じていたけど，少し待ってもらう。子どもも待ってくれる。そこで各自がもう一回考えられる。お互いの信頼関係ができてきたからかも。指名してくれないと言っていた子も，あとで発言していた」
> S「一人一人のノートや様子を確認していた。先生はちゃんと見ている」

　授業の中で，教師が予想していなかった考えが出され，子どもたちも納得している様子だったことが語られ，綿引教諭にとってわずかながらも変化を感じるものとなった。その理由について，子どもの発言に即応するのでなく，教師も子どもも少し待つことができるようになったこと，そこには互いの信頼関係もかかわっていることに言及されている。筆者も参観していたが，各児童の様子やノートを確認しながら授業をし，すぐに発言しようとする子をいったん待たせて考える時間を確保する，いま関係のない発言はその旨を伝えて取り上げないなどの対応がみられた。

　以前から教諭は，子どもの多様な考えを聞こうと努めていたはずだが，どこかに「期待する子どもの発言」があったかもしれないと語り，自身の聞くという行為が見直されている。なお，研究として位置づけた授業でないから待てるという点は，授業研究の意味や方法に新たな問いを投げかけるものであった。

(4) 授業実践の取組み
①子どもの表現や問いを生かした授業づくり

　一人一人が自分の考えを表現し，それをもとに考え合うからこそ数学的な見方・考え方が豊かになっていく授業ができないものか。単元「垂直，平行と四角形」は，そういう願いをもって取り組まれた。四角形について学習する小単元の導入で，各児童が自由に四角形をかき（5×5のドットマスに四角形をかく：

図1)[4]，その中から自分のお気に入りを一つ選んだ。自分や友達が表現した四角形を教材とすることで興味・関心を高め，共に問題解決する学習にしたいと考え，子どもたちのお気に入りを1枚のプリントにまとめ，活用することにした。

約30個のお気に入りの四角形は実にさまざまであり，既習の長方形・正方形のほか，本単元で学習する平行四辺形・台形・ひし形も含まれていた。これを用いて「みんながかいた四角形を仲間分けしよう」という課題に取り組んだ授業では，その中の一つ（図2）が「ほんとうに四角形か」という疑問が出された。辺や角の数（特に図形の凹の部分は角なのかどうかが問題となった）に着目し，話し合って問題を解決する姿が見られ，四角形の定義の再確認につながった（次ページの「授業場面の記録」参照）。

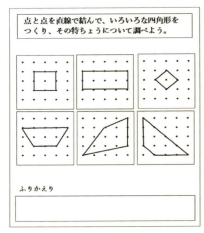

図1　ワークシート
※シート内の記入は例

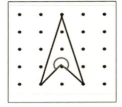

図2　話題となった四角形

導入時だけでなく，新しく学んだ四角形をもとに仲間分けをし，その根拠を説明できるようにするなど，みんながかいた四角形を活用して単元が進められた（上記のほかに，「みんながかいた四角形を，平行四辺形・台形・それ以外の形に仲間分けしよう」「みんながかいた四角形の中から，ひし形を見つけよう」など）。

②子どもの思考・表現をどう学習の深化につなげるか

子どもの考えや表現を生かして授業を展開するには，子どもが対象をどうとらえ表現しているか，それは単元の学習の深まりにどうつながりえるかという吟味が欠かせない。綿引教諭は，提出されたワークシート（図1）から，それ

> **授業場面の記録** —— 記録より発言を一部抜粋（省略・修正を加えている）
>
> C：（**図2**は）なんか不思議な感じだなって。
> T：これ，ちなみにこれは…？
> 　（「四角形」「いや，四角形じゃない」「四角形……じゃないかもしれない」の声）
> 　（T，四角形かどうかで考えが異なることを確認し，まず「四角形ではない」という考えの理由を聞く。以下は，その中で出された発言の一部）
> C：その下の部分が前の方向じゃなくて，下の方向になっていれば四角形と言えるけど（C：あー，言える！）
> C：角っていうのは外側にこうカクンとなっているのを本来角と言うから，内側にこう，なっているのは違うかなと思う。
> C：四角形ならどこかに角がある。
> C：出っ張っているなら，角だけど，凹んでるのは……。
> T：みんなの言っている角って，こういう角？（180°より小さい角をかく）
> C：辺が4つあるから四角形なんじゃないかな。
> T：1, 2, 3, 4本あるから四角形なんじゃないか，なるほど。
> C：4つ辺があったら四角形になっちゃうんだったら，四角形は4つ辺があったらなんでもいいってなっちゃうから，それは変だと思う。
> C：角度ってさ，あそこの（T：ここ？）そう，左上に線を入れると。測ると。
> T：これを測ると角度なんじゃないかって。

ぞれの子がかいた四角形を把握（正方形・長方形・平行四辺形・台形・ひし形・その他に分類し，各児童と学級の傾向を検討）するとともに，振り返りの記述（「四角もいろんな形があるんだなと思いました」「へんな形でも角が4個あれば四角形っていうんだなと思った」等）から図形への関心度や図形の何に着目しているのかなど，導入時に子どもが四角形をどのように理解しているかを集約・分析した。

　そこで着目されたのは，一つは**図2**のような「その他」に分類される四角形が，子どもの図形の見方を広げる可能性があるのではないかという点。もう一つは，本単元で学習する四角形との関連を検討したところ，ひし形をかいた児童が少なく，理解がむずかしいと予想される点であった。ひし形をはじめ新出の四角形の名前や特徴を表面的に理解しただけに終わらないよう，単元を通して辺の

長さや位置関係，対角線等，どういう点に着目して四角形を見ればよいかという見方を学び，それぞれの四角形の性質や相互関連を理解できるようにしたいと考えた。

また，個々の子どもが学習内容をどう理解し，どのような方向で指導していけばよいか，ワークシート等の記述から検討した。例えば，お気に入りの四角形を仲間分けし，その理由を記述させた際に，既習の「長方形」や「正方形」という言葉を用いたり，「台形」という名称は知らなくとも，「プリンみたい」「富士山の形」など，身近なものの名称を使って同じ仲間の四角形の特徴を説明したりする記述が見られた。一方で，「似た形だから」「同じ形」のように，不十分な説明にとどまっているものもあった。こうした記述を手がかりに，個々の子どもがどのような理解をしているか，次にどう展開していくとよいかを検討した。

(5) 実践者と研究者との関係 ── 願いの共有と葛藤

(4)で述べた実践は，それまでの授業研究を経て，どのような授業をめざすかを共に再考し，その実現に向けて相談しながら取り組んだものであった。この頃の協議やメールのやり取りでは，授業で出てきた考えや子どもたちのやり取りを教諭自身が楽しみ，肯定的にとらえた報告を受けることが増えてきた。

私たちは，率直に語り合いながら授業研究に取り組んできたが，両者のかかわりは必ずしもうまくいったことばかりではなく，筆者にとって反省すべき点も多い。実践者と研究者とのかかわり方は，授業研究における迷いや葛藤の要素の一つなのではないか。筆者らは，授業計画への意見や参観した授業の感想をメールでやり取りすることも多かったが，かえって実践者の負担となったり，結果，納得のいかないまま授業をすることになったりと混乱を招いたことは，❸で綿引教諭が指摘するとおりである。また院生と担当教員という関係性のもとでの研究は，実践者の自律的な授業研究の保障という点からいっそうの配慮を要するといえるだろう。

❸ 授業づくり・授業改善の過程を共にして

（1）実践者の立場から
①本音を語り，悩みや葛藤を共有できる関係性の構築

　これまで筆者は，研修会に参加したり研究発表会等で授業公開をしたりしたときに，指導・助言者である研究者とのかかわりしかもつことはなかった。実際に授業を参観していただき，指導や助言をいただくのだが，正直，たった1回の授業参観から子どもの思いや考え，教師がこれまで考えてきた思いや願いをどこまで読み取っていただけるのだろうかと感じることがあった。自分の意図と異なって解釈される場合もあり，不遜な言い方かも知れないが悔しい思いもした。

　今回，自身の実践力に課題を感じ，教職大学院に進学し，研究者である杉本教員とのかかわりをもつことになった。修了した現在もこのかかわりは続いているが，2年間を通して関係性を築くことで本音をぶつけ合い，悩みや葛藤を共にし，授業づくり・授業改善を行えたことは大きな意味があったと考える。

　1年次では，杉本教員らが担当していた授業記録や映像記録から子どもの思いや考えを読み取る授業を通して，これまで児童の表面的な部分しかとらえていなかったのではないかと気づかされ，新たな視点や考えをもつことができた。一方，協力校で行った実習では，自身の研究テーマを追究するための手だてがほんとうに子どものためになっているのか悩むこととなり，このままでよいのか正直な思いをぶつけた。

　入学当初から，研究テーマについて議論を重ね，どのように授業を実践していけばよいかを継続的に協議していた関係性があったからこそ，素直な思いを伝えられたのではないかと思う。

②授業研究を通しての迷い・葛藤・変化

　2年次は勤務校に戻り，研究テーマにそって授業実践を重ねた。週1回の研修日には大学で振り返りや次の授業の検討を行ったり，次の授業まで時間がないときにはメールやオンラインを活用したりして，授業の事実をもとに率直に

協議し合い，それを次の実践につなげていくという継続的な取組みを行った。メールでのやり取りは，当時はあたりまえのように行っていた記憶があるが，振り返ってみると膨大な量のメールの記録が残っていた。

2年次前半に行った「式と計算」では，計算のきまりを使って数を求める問題において，一つの式に表すよさを感じてもらいたいと考え，メールで相談しながら進めていったが，何度もやり取りをしていると深夜に及ぶこともあり，他教科の準備や生徒指導，行事等と重なってしまうと負担は大きかった。実際，誰もがわかる授業に立ち返り，2年生の学習とのつながりを意識して学習課題を立て，準備を終えた段階で，杉本教員からのメールに気づき，助言（そのときは指摘としかとらえられなかった）をもとに，深夜に再度学習計画を立て直したこともあった。そのような状況で行う授業は，ときとしてうまくいかず納得のいかないこともあった。大学院で多くを学び，杉本教員と継続的な授業研究を行うことで，悩みやとまどい，葛藤が増えてしまったというのが2年次の前半だった。

研究テーマに基づいて「数学的な見方・考え方を働かせる授業づくり」に取り組んできたが，その過程で，かえって授業が複雑になり，わからなくなってしまう児童の姿も見られた。子どものつぶやきを拾いすぎて授業内容が広がり，一部の子どもしか授業に参加していないのではないか。かえって受け身の子どもをつくっているのではないか。子どもの思いや考えを中心に据えて授業を行いたいのに発展的な課題になってしまい，結果，実践者である教師の思いや願いが強すぎているのではないかといった課題がみえてきた。

そこで「数学的な見方・考え方を働かせる授業づくり」の根底に，「一人一人が自分の考えをもち」「児童同士で聞き合い，考え，解決する授業」を行い，児童が主体的に問題解決に取り組む授業づくりが必要であると考えた。

夏休みも終わりに近づいてきた頃，次の「垂直，平行と四角形」の単元についてゼミを行ったときの話にヒントを得て，導入場面で子どもに四角形を複数かいてもらい，そのうちお気に入りの四角形を一つ選び，それをまとめたワークシートを授業で活用することにした。

どういう学習課題にしたら子どもがより主体的に課題解決に向かうか相談したり，実際の授業展開やそこで出てきた子どもの考え，面白かったやり取りなどを杉本教員と共有したりした。少しずつだが子どもの考えを生かせるようになり，授業に手ごたえを感じられるようになった。自分でも驚いたのが，授業前に授業の心配をすることはあっても，授業が楽しみでワクワクする感覚を初めてもてるようになったことである。以下は，そのときのメールの一部分である。

> **9月9日のメール**（一部抜粋）
> W「私の考える『見方・考え方』は，どうしても発展的な課題になってしまうようで，子どもたちの思考を複雑化させてしまいます。逆に，複雑化しないで『見方・考え方』を豊かに広げ働かせる手だてはどんなものがあるのだろうと思います……」
> W「最後の31日に先生とゼミを行わなければ，この授業計画は成り立たなかったので，この1週間キツかったですけれど，とてもワクワクしました。（特に金曜日の授業前日はワクワクして，いまだから言いますけど寝つけませんでした。心配で寝つけないことはあっても楽しみで寝つけないことはまずなかったです）」

迷いや葛藤はまだあるが，子どもの学習の可能性を考え授業研究をする楽しみやワクワク感を伝えている。これは自分たちが共に授業づくり・授業改善を行っていなければ，感じることはなかったのではないかと考える。

③授業研究を通しての変化と今後の授業改善に向けて

悩みや葛藤のなか，共に授業づくり・授業改善に取り組んできたことで，自身の授業が変わってきたと感じる。いままでも子どものつぶやき，思いや考えを中心に授業をしてきたつもりだったのだが，子どもの声を聞いているようで聴いていなかったり，子どもはこう考えるだろうという思い込みのようなものをもっていたりしていたのかもしれないと考える。この2年間で，子ども一人一人が考えたことを表現できる場を設定し，それをどう授業で生かしていくことができるかを児童理解に基づいて考えることの大切さに気づくことができた。カリキュラムマネジメントにもかかわる問題なので，一筋縄ではいかないかも

しれないが，一つ一つの授業の子どものリアルな思いや考えをもっと聞いて，それを生かした授業を展開していきたいといまは思う。

　最後に，実践者と研究者とが継続的に子どもの姿や変容を見取り，それぞれの視点で話し合うことで，両者が対等な協議をすることができるのではないだろうか。授業をするのは実践者の教師である。実践者がいくら研究者と共に授業研究を行ったとしても，自分が納得できない授業はできないと考える。その点は，実践者と研究者のよい意味での境界線なのではないだろうか。

　実践者は，その参観していただいた一つの，その単元の授業を行うだけではない。授業は毎日続いて進んでいく。その連続性をも理解していただき，実践者として納得が得られる授業研究に取り組むことができれば，実践者と研究者とのかかわり方がより深く意味のあるものになるのではないかと考える。

(2) 研究者の立場から

　綿引教諭との授業研究は，授業の参観と協議だけでなく，その授業の背後にある実践者の課題や願い，葛藤，その経過を共にしながら取り組む過程であった。すでに述べたが，綿引教諭から「これでいいんでしょうか」と迷いが語られたときのことはよく覚えている。その場しのぎの回答では済ませられそうもない問い。とはいえ，院生の迷いにどう答えればよいかわからない自分の不甲斐なさ。日頃，「子どもたちが考え合う授業」「子ども理解」などと言ったりする自分が，実際の学級の実態や一人一人のつまずきに目を向けているか，問われる思いであった。教諭の実践研究を支援する立場ではあったが，むしろ自分の授業の見方や実践者とのかかわり方をとらえ直す機会になったと思う。

①実践者の実践と授業研究

　まず，綿引教諭が自身の研究テーマに基づく授業研究を，特定の単元の実践と成果の考察という狭い枠組みでとらえず，広く自分の指導を見直したり，実践の意味や課題を問い，次に生かそうと模索したりする姿から，実践の連続性や実践者にとっての授業研究の意味を学んだことがあげられる。

　実践者である教師は子どもと共に時間的，空間的な連続性の中を生きている。割り切らずに考えていこうとするからこそ，迷いや葛藤が生じてくることに改

めて気づかされた。教諭の研究テーマは直接的には算数の授業に関するものだったが、他教科はもとよりノートの書き方や宿題といったさまざまに立ち現れる子どもの姿をどうみるか、どう指導するか（しない選択も含めて）、広く自身の指導のあり方を問うことにつながっていた。

また、授業研究の成果をどう評価するかという問題にもかかわるが、綿引教諭との対話の中で筆者が感じてきたことは、たとえ一授業、一単元で興味深い考えやよい話し合いが展開されたとしても、学習したことが一人一人の身についていなければ、その実践がよかったとはいえないと考えていることであった。

そのため授業中の発言や様子、ワークシート等の記述、授業記録だけでなく、単元テスト等の結果も検討して、学級や個々の理解やつまずきの状況をとらえ、実践の課題や次への改善の手だてを模索していた（付言すれば、授業改善に力を入れて取り組んでも、そう簡単に目に見える結果になって反映されるとはいえなかった）。授業改善のプロセスは、学習評価とそれに基づく次の授業の改善や個への支援を含めて展開されることを改めて学ぶことができた。

②自身の見方と授業研究へのかかわり方の再考

今回の授業研究では、実践者の願いや課題をどう授業として具体化するかという授業づくりの段階にかかわることができた点も貴重であった。

誰もが参加し、考え表現する授業づくりが基盤だと考え、単元「垂直、平行と四角形」では、子どもがかいた四角形を教材として授業を進めた。数学教育の視点からなど、検討の必要な点はあると考えるが、それ以前の授業で顕在化した課題を考えると必要な選択だったと思うし、子どもの表現を手がかりにすることで、子どもの実態や次時の学習課題、必要な手だてを把握することにつながった。やはり授業は（したがって授業研究も）、一人一人が考え、表現するという基本を大事にする必要があることを改めて理解した。日比は、「子どもの自己表現ということは授業研究の前提となる課題であると同時に、実は授業の研究それ自体の実践的課題でもある」と述べている[5]が、その意味を具体的な実践の場でとらえ直すことができた。

実践者とのかかわりという点では、たとえ長期にわたる協働的な授業研究で

あっても，研究者が参観しかかわる授業は，実践者の実践全体のごく一部にすぎない。さまざまな出来事が絡まり合い連続していく実践の営みのほんの一部分を参観する筆者が，実践者の授業研究にかかわることにどのような意味があるだろうか。

　この問いにも結論は出せそうにないが，①で述べたこととかかわらせて考えると，一つの授業で生起した事柄のもつ意味を，立ち止まって一緒に考えてみることで，連続性のなかでかえって見えにくくなっているものに目を向けることができるのではないか。そもそも実践者の願いや葛藤，その諸要因は，実践者本人にも自覚されていない場合があるように思う。授業の事実に基づいて，実践者と研究者が語り合うことで，それらが掘り起こされたり，子どもや授業，実践者自身をとらえる新たな見方に出会ったりすることにつながるのではないか。今回の事例でいえば，「ごめんね」という言葉の背後にある思いや葛藤に気づかされたことや，「子どもの声を聞く」ことの意味がとらえ直されたことがあげられる。

　綿引教諭が指摘するように，授業を行うのは実践者である教師自身である。自分への自戒の意味も込めて，実践者の自律的な授業づくり・授業改善の取組みを尊重したかかわりを大事にしたい。授業の具体的な事実に基づくことで，実践者と研究者それぞれが感じたことを率直に語り合い，その事実のもつ意味や可能性を一緒に探っていくようなつもりで取り組んでいけたらと考えている。

〈注〉
1) 石川英志（1999）「教師と子どもが育つ授業分析」日比裕・的場正美編著『授業分析の方法と課題』黎明書房，pp.83-84.
2) 飯窪真也・齊藤萌木・白水始・堀公彦（2020）「授業研究における教師と研究者の相互作用のリアリティ」『認知科学』第 27 巻 4 号，pp.461-486.
3) 吉永紀子（2021）「子どもと教師の自己変革の場としての授業づくり」日本教育方法学会編『教育方法 51　教師の自律性と教育方法』図書文化，pp.94-107.
4) 本ワークシートは，相馬一彦ほか（2020）『たのしい算数 4 年』（平成 31 年 3 月 5 日検定済）大日本図書株式会社．p.96 を参考にして作成した。
5) 日比裕（1981）「授業研究の課題と方法」兵庫県立教育研修所編『兵庫教育』第

32 巻第 11 号，p.2

3 教師と研究者が実践を語り合う意義と葛藤
― ナラティブ・アプローチによる授業研究の再評価 ―

慶應義塾大学　**佐久間 亜紀**／東京都公立小学校　**菊池 友也**

❶ はじめに

　本稿では，教師と研究者が共同で行う授業研究を事例として描出することを通して，教師と研究者が実践を語り合うことにどのような意義や葛藤があるのかを明らかにしたい。そして，この形態による授業研究の営みも，ナラティブ・アプローチ[1]による授業研究として再定位すれば，広義の授業研究として捉えることを提起したい。

　本稿で取り上げる授業研究とは，教育研究者と教師たちが能動的に集まり，授業者自身による実践報告の語りを対象として，単元開発や授業改善をめざして議論するものである。これは，稲垣忠彦が「授業のカンファレンス」[2]として提唱した授業研究を原型とするものであるとともに，戦後の民間教育運動サークルや大学の研究室を拠点に広く実施されてきた授業研究とも共通点を有している。近年では，授業研究方法の精緻化に伴って，こうした教師の実践報告を中心に行われる質的な授業研究は，学術的な授業研究の枠組みに位置づきにくくなっている一方で，医療や福祉の臨床研究やナラティブ研究の領域では，「授業のカンファレンス」がめざした方法こそがむしろ再発見されているようにみえる。

　すなわち，近年では学術的な授業研究の手法がますます科学的に精緻化される一方で，授業研究という概念自体はむしろ多様化し，広がっている。例えば，授業研究の担い手で類型化すると，研究者が実施するもの，授業者が実施するもの，研究者と教師が共同して行うもの，等がある。授業研究の方法も，教育心理学，教育工学，教育方法学などさまざまなディシプリンを基盤としつつ，

数量的アプローチから質的アプローチまで多様な方法が開発されてきた。授業研究の目的も，普遍化できる知見の創造を目的とする研究から，授業者が明日の授業を改善することを目的とする授業研究までさまざまである[3]。

さらに，医療における日常的な臨床実践の領域では，「患者」として治療の対象とされてきた当事者自身に振り返りを促し，当事者が自分のそれまでの行為を語ったり書いたりすることが，当事者に一定のケア効果をもたらすことが実証されてきた[4]。あるいは医療や福祉や看護等の領域では，当事者の当事者による当事者のための研究活動としての「当事者研究」が進展しており，教師の省察的営為や教育実践研究もその一環に位置づけられるようになってきた[5]。このような，「語り・物語（ナラティブ）」を通して，当事者が直面する問題への理解を深めようとする活動は，「ナラティブ・アプローチ」と呼ばれ，多様な領域でその重要性が認識されるようになっている[1]。

したがって，本稿において，授業者が教育実践を語り合うことの葛藤と意義が明らかにされることは，「授業のカンファレンス」として行われてきた授業研究の学術的な意義を再評価し，ナラティブ・アプローチによる授業研究として今日の授業研究の広がりのなかに再定位する意義をもつ。

以下，まず次節の❷で佐久間が，「第三土曜の会」における授業研究の理念と方法について整理する。❸では菊池が，公立小学校で教師を勤めてきた授業者の立場から，なぜこのような学校外の授業研究の場に，多忙ななか参加しつづけているのかを振り返り，教師が自分の授業について語ることにはどのような意義や葛藤があるかを明らかにする。また，自主研修として学校の外で行われる授業研究の場に参加することに，教師自身がどのような意義を感じ，あるいは葛藤を抱いているのかを示す。❹ではさらに菊池が，授業者が自分の授業実践を振り返るためには，書くという営為が重要な意義をもつことを，菊池自身の経験を通して明らかにする。最後に❺において佐久間が，「第三土曜の会」における授業研究の意義を研究者の立場から整理し，ナラティブ・アプローチによる授業研究も広義の授業研究の一つとして位置づけられることを示す。

❷ 「第三土曜の会」における授業研究

　佐久間が初職を得た大学で始まった自主ゼミ「第三土曜の会」が，20年以上継続している。おもに小・中学校教員となった卒業生が毎月1回集まって，各自の授業を検討し合う。その原型には，稲垣忠彦が提唱した「授業カンファレンス」の理念がある。

　大きな特徴は以下の四点である。

　第一に，授業者自身が検討対象を自由に設定する。学校内で授業を参観して協議する授業研究とは異なり，単元まるごとの教材研究や授業実践，総合や探究等の単元開発，特別支援を要する子どもへのかかわりや学級・学校づくりなど，授業者自身が検討したい取組みを選び，省察の対象や期間を設定する。このため授業者のニーズや課題に応じた検討が可能になる。子どもの作品や授業の写真やビデオ等の記録は補助的に使用されるが，参加者は実際の授業場面を観察しない。

　すなわち第二に，授業者の語り（narrative）が検討の対象とされる。報告の形式や内容や分量は自由だが，授業者は自分の取組みを事前に振り返り，言語化してこなければならない。つまり検討の焦点は，教師の主観的認識や省察におかれることになる。この点では，教師自身による生活綴り方として実践記録を生成する伝統が継承されている。

　報告では多くの場合，いつ，どこで，何をどのように取り組み，子どもとの間で何が起き，自分がどのように思考し判断したのか，いま直面する課題は何かなどが，レポートを読みながら授業者自身の言葉で物語られる。事前に書く作業の中で，授業者なりの気づきが生まれ，事実関係の認識が深化し，新たな物語として再認識される。しかし，授業や指導に手ごたえが感じられるときばかりではなく，困った問題に直面して苦しいときもあるため，ありのままの自分と子どもの姿を赤裸々に見つめる作業は苦しさを伴う。また，授業を検討してほしいという希望をもち，授業や子どもについて語ることには意欲的だったとしても，それをあらかじめ文章化してくることを不得手とする教師もいる。

したがって第三に，協議では，参加者が授業者の語りを聴き届けることが最も大切にされている。そのうえで応答が交わされ，授業者の認識が多角的に問い直されていく。その際，実践の成果を評価するよりも，そこでの出来事の意味を共に解釈し，実践の意味を生成し共有することがめざされる。特にこの会には長期的な参加者が多いため，報告は異動や結婚，子育てなど授業者の人生の軌跡と共に聴き取られ，職業上の責務を超えて，教師として生きるその人の物語として共有されていく。

第四に，したがって研究会の場は，授業者がありのままの姿を安心してさらけ出せるよう，参加者相互の信頼関係を軸に運営されている。授業者が，授業実践の内容に即して，教科内容に関する専門家や職場の同僚を誘うなど，単発の参加者も少なくないが，参加者には一様に，授業者の語りを尊重する構えが求められる。その意味で，参加者はゆるやかに同じ教育観を共有した存在であり，多様な価値や文化が交差する学校現場の厳しさは緩和されている。

以上が第三土曜の会の概要である。

❸ 教師が実践を語る意義と葛藤

教師はなぜ，「第三土曜の会」のような，学校外の授業研究の場に，参加しつづけるのだろうか。本節では，公立小学校に19年勤務してきた菊池が，教師としての立場から，教師が自分の授業について語ることにはどのような意義や葛藤があるかを明らかにする。

私が「第三土曜の会」に参加するようになったのは，大学の学部1年時に受けた佐久間先生の必修講義がきっかけだった。講義の最終回で「まだ学びたいという人がいれば，自主ゼミの場を用意することはできます」という話があったので，私は参加を決めた。講義を受けていた者を中心に，初期は10数名が参加していたと記憶している。このときのメンバーで相談し，毎月1回程度，参加者が教育に関する話題を持ち寄って議論し合う自主ゼミを開こう，ということになった。佐久間先生には，ゼミを立ち上げるきっかけと場をつくってい

ただいた。ゼミのモットーは「来るもの拒まず，去る者追わず」。

　2024年で24年目を迎えたが，ゼミには初期から参加している者もいれば，途中から参加するようになった人や10年ぶりの参加という人もいる。その間に私は小学校教員となり，ゼミの仲間と教育実践を交流することになった。日々の業務に追われるなか，土・日は家で休んでいたいと思う気持ちもないわけではなかったが，第三土曜の会には参加をした。

　なぜ，多忙ななか，私はずっと参加しつづけてきたのだろうか？　理由は大きく二つある。

　第一に，会に参加を続けて他メンバーの実践を聞くうち，この会の仲間であれば受けとめてくれるのでは，との思いが生まれてきたことである。

　会では，持ち回りで自分の実践を報告する。授業実践を報告する回もあれば，子どもたちへの指導の悩みや迷いなどを率直に打ち明けることもある。その報告を受け，参加者同士で感じたことや気づいたことを交流し合う。実践そのもののよし悪しを検討するのではなく，そのときの実践者や子どもたちの心情に寄り添いながら，実践者本人にも見えていなかった実践の意味や価値を見いだしていく。そのため，会では自然と受容的な雰囲気が生まれる。

　子どもへの指導の悩みや迷いを語ることは，語る側にとって勇気のいることである。少なくとも私はそうだった。気の知れたメンバー同士であっても，「そんなことで悩んでいるのか」などと思われるのではないか，と不安な気持ちを抱えていた。

　だが，会に参加を続けるなかで，悩みや不安を語った仲間が，次の一歩を踏み出すきっかけとなる言葉や具体的なアドバイスをメンバーからもらい，会が終わる頃には生き生きとした姿になるのを何度も見てきた。この会の仲間であれば，どんな自分も受けとめてくれる。そうした安心感が，参加を続ける大きな理由となっている。

　第二に，第三土曜の会は，教育委員会が主催する官製の研修会や各校で行われる校内研修会とは異なる視点から，複眼的に実践を検討し合う場であったことである。

官製の研修では，教育公務員としてとるべき姿や守るべきルール等を学ぶことができるよさがあると私は考えている。他方，一筋縄ではいかない特別といえるような実践事例や，どうしていいかわからず困っているといった個人的な課題については，十分な時間が確保されていなかったり，扱われなかったりする。これに対し校内研修会では，日々顔を合わせる同僚たちと，同じ学校に通う子どもたちの姿を通して授業研究を行ったり，日常の課題について検討したりすることができる。しかし，多くの場合，意見を交わす時間は限られており，十分に議論できないまま会が終わることもある。

　第三土曜の会では，そうした事例や課題にもじっくり向き合うことができる。参加者がそれぞれの視点から意見を出し合い，検討する。その過程は，ただ一つの答えを見いだそうとするものではない。参加者が，自分一人では気づくことができなかった見方や考え方に気づく時間となる。

　これらの思いから，私はこれまで会に参加を続けてきた。しかし，実践を書いて語れるようになるまでには長い時間が必要であり，大きな葛藤があった。さまざまな思いがあったが，その葛藤はいま考えると大きく二点に整理できるように思う。

　葛藤の一つは，教室にいる「困った子」の話を学校外ですることはその子の悪口を言うようで嫌だ，と感じられたことである。ゼミの仲間たちの実践発表を聞いているときにも，その思いが私の頭の中にあった。もちろん，発表する仲間たちは子どものことを悪く言うことを目的としているわけではない。しかし，「この子にはこういう問題行動が見られた」「だから，このような実践をした」と発表することは，子どもを利用して自らの実践を語っているような気がしてならなかった。

　二点目は，自らがうまくいったと考える実践を話すことは，自分の実践をアピールするために子どもを利用しているように感じられたことである。

　会の実践報告では，実践を通して子どもがどのように変容したかが語られることが多かった。例えば，問題行動を繰り返していた「困った子」が，自分（報告者）の実践を通して，問題行動が少なくなりました，成長しましたよ，とい

った報告である。いま思えば、こうした実践報告のかたちは数ある報告の一形態に過ぎないのだが、当時の私には大きな引っかかりであった。報告を聞いてくれた人たちに「自分の実践が優れていたから子どもが変わったのだ」と伝わってしまうのではないか。「困った子」を利用して自らの実践を語っていることにならないだろうか。そうした想いがあり、私は実践を書くことはできても、みんなの前で語ることはできずにいたのだったと思う。

❹ 教師が授業について書くことの意義 ── 学級通信への発展

　第三土曜の会に参加して、授業を語るようになるためには、授業を書く作業が必要になった。そしてこの作業は、私なりの「学級通信」の実践へと展開してきた。したがって本節ではさらに、授業者が自分の授業実践を振り返るためには、書くという営為が重要な意義をもつことを、菊池自身の経験を通して明らかにしたい。

　実践発表に向けて原稿を書き始めると、出来事がどのような順番で起きたか、子どもの言葉や表情はどうだったか等、整理が必要であった。書くことで自分の言葉となり、ようやくみんなの前で語ることができるのだと気づいた。会に参加し10年以上の月日を経て得た気づきだった。

　それ以前からも私は、学級通信を教員1年目の4月から発行していた。学級通信とは、一般的には、学級担任が学級の保護者に向けて発行する通信誌であり、学校での子どもの様子や担任から保護者への連絡事項等が記された印刷物を指す。学級担任になったからといって発行の義務があるわけではないが、当時勤めていた学校ではすべての学級で学級通信を発行していたので、私もその流れに乗り発行することになった。ただし1年目のころは、子どもの書いた詩や作文や子どもたちが活動する様子の写真を載せることが中心であった。

　しかし、並行して第三土曜の会の中で実践記録を書き、報告することを重ねていくうちに、日々の子どもたちの姿を保護者に対しても伝えたいと思うようになっていった。そのための媒体として、学級通信は私にとって最適なもので

あった。しだいに学校での子どもの姿やエピソードに焦点を当て，子どもの言葉や活動の様子がわかる写真を紹介しながら学級通信を書くことを心がけるようになった。

次ページは，教員7年目の4月の始業式翌日に発行した学級通信に書いた文である。少し長くなるが，具体例として全文を示す（保護者に配付した通信では子どもの名前は実名であるが，本文においては仮名である）。

このような学級通信を書くことは，教師としての省察を深めるために実践記録を書くことと目的は異なるが，共通点もある。まず保護者や子どもに届くような言葉を選んで書くため，出来事の整理が必要となる点は同じである。また，学級通信を書くことによって，子どもの行動や自分のとった対応等を再確認することができ，それによって自分の言葉でしっかりと語れるようになる点も共通している。そのため，保護者面談などの限られた時間で親御さんと話すときに，子どもの理解につながる象徴的なエピソードを示すことができる。保護者の側も，「ああ，学級通信にも書いてあったあの出来事ですね」となり，相互理解につながる。

教師の仕事がますます多忙になるなか，実践を書くことも学級通信を書くことも，時間を捻出して行う苦しい作業である。それでも書きつづけようと思うのは，書いたものを受けとめてくれるゼミの仲間，学級の子どもや保護者がいることである。書き，語ることを通して，自らの授業や学校での子どもの姿を振り返り，よりよい教育実践へと近づいていきたいと思うようになった。

私にとって実践を書くことは，実践を整理し自分の言葉にすることであると実感する。第三土曜の会で報告する実践記録を書く過程が，自らの実践に対するいちばんの省察のときである。

そして，第三土曜の会でみんなにその省察を語り検討し合う過程は，省察したときの自分の見方が大きく偏っていたり，見落としている子どもの姿がなかったか等を確かめたりするときである。

クローバー

☆一人一人の物語をさがして

区立○○小学校
4年○組　学級物語 No.2
○○年4月7日
担任：菊池友也

　子どもたちの名前を呼びながら，児童調査カードと集金袋を手渡していたときのこと。緊張していたのでしょう，みんなじっと私をうかがうようにして受け取っていきました。(いいなあ，いいなあ)と思いながら渡します。そのときです。「はい！」と元気のよい声が返ってきました。れいなさんでした。私の顔を見て，しっかりと返事をしてくれたのです。

　私は思わず，「みんな！れいなさんのすごいところ，キャッチできた？」と叫んでしまいました(キャッチとは「(目と耳と心で)聴く」という私独特の言い回しです)。え，何？　何？　といった表情をしていた人が多いなかで，誰かが「返事していた！」と言いました。「おお，キャッチしていた人がいた！　おみごと!!」

　その様子を，れいなさんはニコニコしながら眺めていました。

　この出来事は特別な時間ではありません。ただ配付物を渡していただけです。けれども，そうした時間にも子どもたちは，成長の「物語」をつくり出します。

　出席番号順に配っていたので，最後はさつきさん。最初の人に手渡してからもう5分近くたっていました。が，さつきさんはしっかりと待つことができました。すごい！　私は両手でさつきさんと握手をしました。

　するとこれに反応したのは，はるとさんでした。「先生，何で最後だけ両手？」(もしかしてはるとさんも両手がよかったのかな？)　などと思いながら，ふとあることに気づきました。"はるとさんは最初に手渡した子"ということ，つまり，いちばん長い時間待っていた，ということです。

　(ああ，きっと自分の番が終わってから友達の様子をずっと見ていたんだ。だから最後，さつきさんと"両手"で握手したことに気づいたのだなぁ)

　今日から少しずつ子どもたちと過ごす時間が長くなります。その中でどれだけの物語を見つけることができるか。私にとって，楽しい勝負の時間が始まります。

❺ ナラティブ・アプローチとしての授業研究

　最後に,「第三土曜の会」における授業研究の意義を, 佐久間が研究者の立場から整理し, この形態による授業研究の営みも, 広義の授業研究として再定位したい。

　第一に, 教師たちが自分たちで能動的に集って教育実践を語り合う点で,「当事者研究」としての意義をもっている。当事者研究にもさまざまな理念や方法があるが, ここでは広義の定義として向谷地生良にならい, どんなに困難な状況にあっても, その場と仲間の経験のなかにこそ学ぶべき「知恵」があると考え, その「知恵」を明らかにしようとする研究活動のこと, としておきたい[6]。当事者研究では, 専門家とクライアント, 大学教員と教師というような上下関係ではなく, 当事者自身が自分たちを助け, 励まし, 生かす連帯によってこそ, 当事者の学びが促されると考えられている。私自身も含め, 同席する専門家はむしろ自分の立ち位置を「無知」に置き, 当事者に学ぼうとする構えをもつ。

　第二に, 構築主義的な立場に立つ授業研究としての意義をもっている。前節までで明らかにしてきたように,「第三土曜の会」における授業研究は, 授業者自身による実践報告の語りを対象としている。つまり, 授業研究の対象は教師の主観的認識や子どもや学習材等に対する解釈なのである。近年のエビデンスに基づく学術研究の深まりのなかで,「科学的」で「実証的」な技術を駆使した研究が進展するが, 構築主義的なアプローチによる授業研究の必要性も再確認したい。

　第三に, このような授業研究は, ナラティブ・アプローチの実践として位置づけられる意義をもっている。「第三土曜の会」では, 授業者がその経験をどう理解しているのか, その語りを「ドミナント・ストーリー」として外在化し, 新たな解釈を可能にしていく。前節で菊池が指摘しているように, その「語り方」そのものが, 教師自身がどのように何を経験しているのかを示す重要な手がかりとなる。ある子どもについて教師が語るとき,「こんなに私を困らせる子どもがいる」という語りになるのか,「こんなにたくさんの困難に直面する

子どもがいて，私はどうかかわったらよいだろうか」という語りになるのかで，その教師がその授業をどのように経験しているのかが可視化されるのである。

　そのうえで，参加者はさまざまに応答していく。まず，授業者の語りは最大限に尊重され，その語りが共感をもって受けとめられていく。参加者が，その語りに疑問や違和感をもつときは，別の視点や解釈や対処法が提示されるが，その受けとめ方はあくまでも授業者に委ねられる。あくまでもほかの参加者と語り合うなかで，報告者自身に何らかの気づきが生まれ，納得のうちに別の解釈が受容されたり，新たな視点が形成されたりして，初めて「オールタナティブな物語」が生成されていく。

　この物語の生成こそを授業者自身の学びとして理解する点で，「第三土曜の会」では，解釈的アプローチだけでなく，授業者の物語を変容させる介入的アプローチも行われているといえる[7]。

　第四に，「子どもの声を聴く教師」の声を聴く場としての意義をもっている。

　ナラティブ研究で指摘されてきたとおり，近年は，ケアされる側の当事者（患者や子ども）の声を傾聴する活動が重視される一方で，患者や子どもの声に耳を傾ける医師や看護師や教師の声は，後景に退けられる傾向があった。しかし，授業のなかで子どもの声を聞くことを教師に求めるならば，まずもって教師自身の声がていねいに聞き届けられる経験が必要とされるだろう。

　前節で菊池が述べているように，教師が自分の教育実践に向き合うことは，心理的にも時間的にも容易なことではない。しかし，教師自身が勇気を振り絞って自分の教育実践に向き合い，自分の経験を物語として外在化し，その物語を誰かに聞き届けられたとき，教師自身の学びと成長が生起するのである。

　「第三土曜の会」の方法は一例にすぎない。しかし，授業を包括的なケアの実践と定義するなら，子どもの声を聴きケアしようとする教師に必要なのは，まずもって教師自身の声がていねいに聴かれケアされることではないか。子どもをケアする教師が，互いの声を聴き合いケアし合う営みとしての授業研究スタイルも模索される必要があると，私たちは考えている。

〈注〉
1) 野口裕二（2002）『物語としてのケア』医学書院．
2) 稲垣忠彦（1995）『授業研究の歩み』評論社．
3) 吉崎静夫監修（2019）『授業研究のフロンティア』ミネルヴァ書房．
   木村優・岸野麻衣編（2017）『授業研究』新曜社．
   鹿毛雅治・藤本和久編（2017）『授業研究を創る』教育出版．
4) Rita Charon.（2006）. *Narrative Medicine*: Oxford University Press.
   James E. Birren & Donna E. Deutchman.（1991）. *Guiding Autobiography Groups for*, Johns Hopkins University Press.
5) 熊谷晋一郎責任編集（2019）『当事者研究を始めよう』臨床心理学増刊第 11 号，金剛出版．
6) 向谷地生良（2011）「『当事者研究』の到達点とこれからの展開」『精神保健研究』57 号，pp.27-32.
7) 宮坂道夫（2020）『対話と承認のケア』医学書院．

4 日常と切り離さない校内授業研究のために
―「教える−教えられる」の関係性を超えて―

東京学芸大学 **渡辺 貴裕**／国分寺市立第四小学校 **佐藤 由佳**

❶ はじめに

　授業実践について語り合うことは，しばしば，「授業研究」という言葉のもとで扱われてきた。もちろん，日本の教師らが行う「授業研究」は，世界に誇る取組みとされている。携わってきた研究者も多い。

　ただし，「授業研究」がオフィシャルな注目を集めれば集めるほど，かえって，それが特別なものになっていく。きちんとした進め方で，ときには専門家を招いて指導を受けて，かしこまって行わなければならないものになっていく——そんな傾向はないだろうか。はたしてそれは学校現場にプラスになっているのだろうか。

　本稿を執筆する佐藤・渡辺は，それぞれ小学校・大学という別の場に身を置きながら，授業研究・校内研究の現状にこうした共通の問題意識をもってきた。

　以下，次節の❷では佐藤が，小学校での取組みを土台に，校内授業研究やそこへの研究者のかかわりに関する考えを述べる。

　続いて❸で渡辺が，教職大学院での取組みや学校現場へのかかわりをもとに，同様に授業研究への考えを述べる。

　その後❹で，佐藤の勤務校の校内研究に渡辺が外部講師としてかかわったときのエピソードを取り上げる。

　本稿は基本的に2人の共同執筆であるが，❷と❸はそれぞれ佐藤・渡辺による一人称視点での記述となり，❹にもそれぞれの一人称視点での記述が組み込まれる。

❷　佐藤の問題意識と取組み

　私は公立小学校で約15年間，教員として子どもたちの教育に携わってきた。仕事の中心は授業研究である。日々の教師同士の会話や児童理解はすべて授業につながっているといってもよい。よりよい授業づくりのために研鑽を積むことは，教師の責務であると同時に楽しさでもあると私は考えている。

　学校で教師が授業について語る場面として，放課後などの日常会話がイメージされる。ただ，日常会話では授業について深めることがむずかしい場合も多い。次々に入ってくる各種の業務のため，授業についてとことん語り合うにはいたらず，情報共有だけでその場が終わってしまう。そこで教師が授業についてじっくり学び考える場として以前から行われてきたのが，校内研究だ。教師同士が一緒に授業を見つめ，考えを深める校内研究という場は，とても大切なものである。

　しかし，校内研究については，これまでさまざまな問題点や課題が示されてきた。校内で同僚と学び合える貴重な機会であるにもかかわらず，そこには教師らの複雑な心境が渦巻く。「自分の学びたいことと研究テーマが合っていない」「研究に充てられる時間が少なく負担感が大きい」「理想と現実がかけ離れていて研究授業が日常の授業につながる気がしない」……。

　校内研究は，自主的な教育研究サークルや大学院のような学びたい人が集まる場とは異なるむずかしさを抱えている。もちろん教師たちに学びたい気持ちはあるのだが，学校ごとに定められた研究テーマに対して全員が同じ熱量で取り組むことはむずかしく，その温度差が教師集団の学びの雰囲気やモチベーションに影響する。

　私は，前任校の東村山市立青葉小学校で研究推進委員のメンバーとして校内研究に携わるなかで，どのような校内研究が教師を元気にさせ，学びを促進するのかということに関心をもった[1]。現職教員派遣研修で在学した教職大学院でも校内研究について学び，現在にいたるまでさまざまな取組みを行ってきた。そこで見いだしたポイントを三つあげる。

まず一つめとして，校内研究を活性化させるためには，教師同士が日常的にたくさん対話をしていることが大切になる。あまり話したことのない人たちの前で自分の授業への思いが語れるだろうか。

授業について語る場面では，それぞれの教育観・指導観があらわになることが多い。普段からその学校に対話の文化があれば，信頼関係を土台とした率直な意見交換や相手を尊重した発言ができる。対話の文化は，そこに所属する構成メンバーや職員室の雰囲気などに影響されるものであり，「対話をしましょう」という呼びかけや指示ではなかなか広がらないが，対話のよさを実感できる場を設定することでしだいに根付いていく。私の所属校では，OJTや「学びカフェ」（自由参加の学びの場）などで，教員同士が話す機会を意識的に増やすようにしている。

二つめとして，研究授業と日常の授業とをつなぐことも大切だ。研究授業というと，とにかく大変というイメージをもつ教師は少なくない。何ページにも及ぶ指導案を分担して仕上げ，チェックを何度も受ける。普段の授業ではやらないような準備を重ね，指摘を受けないですむように多くの時間を割く。一つの授業についてじっくり考えることは大事だが，負担感が大きすぎる研究授業や協議会は問題である。

所属校の研究推進委員会では，負担感を軽減し，自分たちの身になる学びの場をつくるために，従来の形式にとらわれず自分たちの感覚を大事にした提案を行っている。コロナ禍以降，これらの提案は通りやすくなったように感じる。さまざまな制限があったコロナ禍で，「校内研究の目的は何なのか」「どのようなかたちで実施するのが自分たちの学びになり，子どもたちのためになるのか」といったことを議論したことが功を奏した。

そして，校内研究のあり方を考えるうえで忘れてはならないのが，三つめの，その学校の文化に合う方法をとるということだ。他校の好事例をそのまままねしたとしてもうまくいくとは限らない。私自身，前任校の校内研究がとても楽しくやりがいのあるものだったので，異動してきた当初は，同じかたちを取り入れられないかとずいぶん考えた。けれども，学校文化というものは思ってい

る以上に大きな影響力をもっている。それを否定し早急に変えようとする行為は，教師集団の分断につながりかねない。それよりも，学校文化に着目し，その学校に合った校内研究を模索するほうが理にかなっている。

　私が現任校への異動後すぐに提案した「ラウンドスタディ」[2]は，最初からスムーズに受け入れられた。大規模校で教師数が多い本校の場合，全体協議をしても発言のハードルが高く，議論が深まらない。ラウンドスタディでは4人ほどのグループで話をするため，対話の量が増え，研究授業へのコミットメントが高まった。

　一方，教科や領域ごとに分科会をつくり，教師の興味関心に応じて分かれる方法を提案したときには，受け入れられなかった。「授業研究は時間の捻出のためにも低・中・高の分科会で行いたい」「教科や領域が分かれてしまうとほかのグループと足並みが揃わず，学校全体で研究している意味がなくなってしまう」という意見が多かったためだ。

　日常的な対話，日常と地続きの研究授業，その学校の文化に合うやり方。以上の三つのポイントを通して育まれるのは，「校内研究は自分たちのものだ」という当事者意識である。学び手としての意識が高まることで，校内研究に対して前向きになり，さまざまなアイデアが生み出される。

　では，さらにそこに研究者を招くことにはどんな意味があるのだろうか。

　本来，私たち教師にとって，研究者の話を聞けるのは貴重で大きな学びのチャンスにつながるはずのものである。しかし，実際には，学校現場に大学教員を講師として招いても，残念ながら教師の学びにうまくつながらないケースがある。講師の専門的な助言が，教師の日常的な努力や専門性に目を配らずに行われているように思われる場合，現場の実態とはかけ離れた理想のように感じられる場合は，無力感にさいなまれたり心の中で言い訳を考えてしまったりする。

　教師の学びにつながるようにするために，研究推進を担う教師にできることはたくさんある。その一つが，前述のとおり，「これは自分たちの校内研究だ」という気持ちで教師らが校内研究に臨めるようにする日常的な耕しである。ま

た，外部講師を依頼する場合には，事前に「どんなことを知りたいか」や「いま，どんなふうに研究が進んでいるか」などの情報を共有したうえでお話しいただくことが大切だ。単発ではなく複数回来ていただくことで，実践の状況を点ではなく線で見てもらうことができ，より具体的に語っていただける。研究者と教師が一緒に考えるというプロセスも生まれるはずだ。

　そのような取組みを通して，研究者のほうにも新たな発見や気づきが生じるのではないだろうか。研究者である大学教員を招いておきながら，教師が話に集中していなかったり，「それは研究の世界の話で現場ではそうはいかない」と聞く耳をもたなかったりする状況があるとしたら，それは，その研修の場をつくる者の責任だろう。

❸　渡辺の問題意識と取組み

　私には小中高での教員としての経験はない。教育方法学を専門とし，大学教員になって約19年，いまの職場である教職大学院に移ってからは約10年半となる。教職大学院では，これから教師になる学部卒院生に加え，現職院生も担当してきた。また，さまざまな学校の校内研究にもかかわりをもってきた。

　佐藤は，教職大学院で出会った現職院生の一人だ。そこでの出会いをきっかけに，佐藤が学校現場に戻ったあとも，佐藤が学校の内外で開く勉強会に呼んでもらうなどしてきた。

　前節の佐藤の文章で特徴的な点がある。それは，「授業実践について語り合う」ことについて，「放課後などの日常会話」を出発点にして考えていることだ。

　私を含め教育方法学者が「授業研究」について考えるとき，次のいずれかのタイプのものをイメージしている場合が多いだろう。

　一つは，研究者が，個人あるいは少人数の教師と連携して，教材分析や単元開発から一緒に取り組み，実際の授業での出来事を参観したり報告を聞いたりして考察を共に行い，それをさらに次の実践に反映させていくというもの。これはこれで意義があるし，私も携わってきたが，楽しい。一緒につくる実感も

ある。ただし，このタイプでは，連携する教師は基本的に，研究に前向きな人たちだ。

もう一つのタイプは，学校全体で取り組む校内研究での授業研究。この場合，研究に熱心な教師ばかりとは限らない。経験や教科への専門性の度合いもまちまち。そうした多様なメンバーが集まる教師集団のなかで，どのように研究授業の協議会を行っていけばよいか。こうした点にも，近年，教育方法学者の注目は集まっており，協議の進め方についてさまざまな提案がなされるようになってきた。佐藤が進めてきた「ラウンドスタディ」もその一つである。

けれども，いずれのタイプにせよ，オフィシャルな機会における授業研究，授業実践についての語り合いをイメージしている点は変わりない。

一方，佐藤は，授業実践についての語り合いを，日常的なやりとりを出発点にして考えている。校内研究での協議についても，そうした日常的なやりとりと切り離さずに考えようとしている。

これは，多くの教育方法学者にとって，盲点となってきた部分ではないか。オフィシャルな授業研究の場よりも日常的なやりとりのほうが，当然，頻度も量も多い。前者は後者をより豊かにすることにつながってこそ意味があるはずだ。逆に，いくらオフィシャルな場で研究者も入って「立派」に見える協議を行っていたとしても，それ以外の日常の場での語り合いがかえってやせ細っているとしたら，そこには問題がある。

研究者の側はよかれと思って授業研究にかかわっているのに，それがかえって，授業実践についての日常的な語り合いをやせ細らせてしまう危険性。この点に関して私が特に懸念しているのが，「指導する－指導される」「評価する－評価される」という図式による語り合いの硬直化と，そこへの研究者の加担だ。

以前，担当していた教職大学院の院生が，実習先の学校で遭遇した出来事として，次のエピソードを話してくれた。

その学校が，その自治体が推進する研究テーマでの授業公開の会場校となった。数年来その自治体にかかわっている研究者（大学教員）がおり，その研究者が，研究発表会のときには，参観した授業に対して，「あそこの場面で子ど

もが退屈していた」「○○の板書がよくなかった」など，個々の授業に対して「講評」を行う。授業の具体的事実をあげながら，改善すべき点を指摘していく。さらに，「こんなかび臭い授業をしていては……」といったプレッシャーもかける。院生いわく，「子どもの姿をダシに，ダメ出しされていく」。

　その結果どういうことが生じているか。公開する授業を，その研究者の好みっぽい内容のものにし，全体での参観授業は，「授業の上手な」先生にお願いして，「優秀な」クラスで，「よくできる生徒」を指名して進めたらしい。

　このエピソードに対して，その学校の教師らを取り上げて，授業公開の意義をはき違えているなどと指摘するのはたやすい。けれども，そもそもこうした教師らのふるまいを，外部講師のかかわり方そのものが生み出してしまっているのではないか。教育方法学者の側がそう自問することも必要だろう。

　もちろん，その研究者の指摘そのものは，的確なものだったのかもしれない。また，きっとこの研究者も，こうした展開を望んではいないだろう。けれども，外部講師としてのこうしたかかわり方そのものが，授業というのは「指導」や「評価」の対象なのだという意識を教師らに生み出す。校内で教師同士授業実践について語り合うときにも，「指導する－指導される」「評価する－評価される」という図式が持ち込まれる。けれども，こうした図式でのやり取りは必ずしも，授業で起きた出来事から互いに学び合うことを豊かにはしない。

　私は，教職大学院で「対話型模擬授業検討会」という取組みを進めてきた [3], [4], [5], [6]。従来の模擬授業検討会では，「○○がよかった／よくなかった」「もっとこうしたほうがよい」といった「評価」や「助言」を中心に進めるのに対し，「対話型模擬授業検討会」では，授業を行ってみて起きたことをもとに，授業者・学習者がそれぞれの立場から感じたこと・考えたことなどを出し合い，対話を行う。それによって，授業者と他の参加者らの双方が新たな気づきを得ることをめざしている。

　この取組みを通して得られた知見として，次のようなものがある。
① 「評価する－される」「助言する－される」ではないかたちで，実践から学びを引き出し深めていくことは可能である。

②結論を伴わせずに短くパッパッパッと出し合うような話し方が（検討会の序盤では特に），発言の絡み合いをもたらす。
③「知っていること」ではなく，その場の出来事を自分がどのように経験したか（どのように頭を働かせたか，どのように感情が動いたか）を話すことが，出来事への多面的なイメージの共有に寄与する。
④授業者がやりたいこと・大事にしたいことは，もともと明確で本人に意識されているとは限らず，しばしば，実践と対話を経て事後的に浮かび上がってくる。
⑤こうした対話の仕方・深め方は，手順を示されたり説明を聞いたりしたら即可能というものではなく，繰り返しのトレーニングが必要である。
⑥その場に立ち会う大学教員の役割は，新たに何かを投げ込むというより，やり取りのなかで流されそうになっている「深まりの種」に再度意識を向けさせたり，整理して示したりすることである。

　模擬授業の場合のこうした取組みを土台にして，実際の学校の授業研究に対しても，おもに以下の二つの問題意識をもって，かかわりを試みてきた。
　一つは，「指導する－される」「評価する－される」という枠組みを，外部講師－教師集団間であれ教師同士であれ，いかに崩すか。もう一つは，いかにしてその場を，実践から学びを引き出し，互いに学び合える場にしていくか。
　次節では，佐藤の勤務校であり渡辺が外部講師としてかかわった国分寺市立第四小学校での校内研究の事例をみていく。

❹ 双方の視点からみた国分寺四小での事例

(1)「国分寺学」の校内研究が始まるまで
○佐藤の視点から
　2023年度，私が勤務する国分寺市立第四小学校（以下，四小）では「国分寺学」をテーマとして校内研究を行うことになった。「国分寺学」とは，学校の所在地である国分寺市を題材として進められる教科横断型カリキュラムのこ

とである。2024年度からの市内全小中学校での展開に先立って，四小は「国分寺学」のカリキュラム開発を行う研究協力校として市から指定を受けた。

　「国分寺学」が校内研究のテーマになったとき，正直に言うと「上から研究テーマが決められてしまった」というがっかりした気持ちが湧いた。コロナ禍の前から行っていた国語の研究に対して自分たちなりに手ごたえを感じていた矢先のことである。突然降ってきた研究テーマ変更の知らせは，私たち教員集団を困惑させた。しかし，一方で妙に納得している自分もいた。ここ何年もうちの学校は研究協力校になっていない。順番的にもそろそろだという気がしていた。周りの教員も，「そういうものだ」「仕方がない」としだいに受け入れていった。

　当時，私は四小の研究主任ではなく，校内研究を運営する研究推進委員会のメンバーの一人だった。「国分寺学」の研究に外部講師として誰を呼べばよいか，みな見当がつかなかった。小学校の校内研究では，ある教科に詳しい専門家を講師として招聘することが多いが，今回は「国分寺学」という捉えどころがないものである。そんななか，私は渡辺を呼ぶことを提案し，研究主任や管理職から了解を得た。渡辺を呼ぶことで，地域を舞台に教師同士が楽しみながら学べる場をつくれたら，「国分寺学」を自分たちで掘り下げていく校内研究ができたらと期待したのだ。当初は「どうすればいいんだ」と混乱気味だった校内の教師らからも，「せっかくやるなら面白いものにしよう」という声が出始めていた。

　2023年度，計4回，渡辺に校内研修の講師を依頼した。次のとおりである。
・5月10日（水）　「国分寺学」カリキュラム開発をめぐっての研修
・9月13日（水）　さつき学級「国分寺親善大使になろう」研究授業＆協議会
・10月11日（水）　5年生「こちら国分寺市役所 政策部 市政戦略室 まちの魅力企画担当 四小出張所」研究授業＆協議会
・12月13日（水）　2年生「とびだせ　まちたんけん」研究授業＆協議会
　以下，5月と9月に行われた研修について，渡辺・佐藤それぞれの視点から眺める。

(2)「国分寺学」について教師らと共に考えるスタートの研修（5月10日）
①渡辺の視点から

　私にとって，四小への公式のかかわりはこれが初めてである。前年度に佐藤に声をかけてもらって校内の自主的な勉強会に参加したことがあるのみだった。この日の研修は，四小の40数名の教師らを対象に，1時間の枠で行うもの。冒頭，私は，自分は地域学習・郷土学習の専門家でも「総合的な学習の時間」や教科横断型のカリキュラム開発の専門家でもないと断ったうえで，校内で教師が互いの実践から学び合いながらカリキュラムをつくりだしていくのをサポートするのが自らの役割であり，そこで貢献したいと考えていることを話した。

　では，どう「国分寺学」にアプローチするか。私は事前に，教育方面だけでなく，ほかの自治体の「〇〇学」の取組みやソーシャルデザインなどについても調べ，「地域愛着」「関係人口」などの知識も得ていた。しかしながら，私自身，「国分寺学」がよくわからない。例えば，私にとっては小金井市が，勤務先の所在自治体になるわけだが，小金井市に詳しかったりそこまで思い入れがあったりするわけではない。四小の教師らにとって国分寺市はどうなのだろう。もちろん，特に小学校の場合，地域に根ざした学習そのものはこれまでにも大事にされてきたことだが，教師らはそれをどう捉えているのだろう。私自身それを知りたいと思ったし，四小教師間でそれを率直に交流することが大事だろうと考えた。

　そのため，研修では二つの活動を行った。

　まず，「国分寺学」のような地域学習に対する思いを，プラスとマイナスの両面，卓上のホワイトボードに出してもらうグループワーク。ワークはなごやかな雰囲気で行われ（佐藤からは教師らが必ずしも前向きでない旨を事前に聞いていたので私には意外だった），プラスとして「愛着をもてる」「地域の行事に参加」「地域に詳しい子がほかの子に教え合う」，マイナスとして「郷土愛の押しつけにならないか」「地域が子どもに身近ではない？」「その地域のマイナス面を知ってしまう」「誰のための学習？　知りたい地域は別にあるかも」などが出た。

続いて，渡部竜也氏による「共同体意識と希望の育成」関連の文章[7]を使ったワーク。この文章では，ひとくちに「共同体」といっても地域への愛着や思い入れのもち方は地域によって違うことを，小平市と広島市を対照的な例として取り上げて述べている。

それを紹介したうえで，私から「国分寺市の場合は，小平市と広島市，どちらのタイプに近いと思いますか？」と問いかけた。私は，隣接する市である「小平市」を選ぶ人が多いかと考えていたが，「広島市」タイプ（愛着度合いが高い）を選ぶ人も多く，興味深かった。

②佐藤の視点から

校内研究の講師の話を聞くときには，多くの教師はその講師の出方を注意深くみる。この人は私たち教師をどうみているのか。教師たちとどのような距離の取り方をする人なのだろうか。

私たちの実践を知らないままに「こうするべきだ」というような価値観を強く提示してくる講師だった場合，私たちの心は硬くなり講師の前で本音が語りにくくなる。校内研究の場ではこの講師の言ったような授業をしなければみんなの前で批判されてしまう……。そんな緊張感が生まれるのだ。

この日，渡辺は「『国分寺学』のような郷土愛を連想させる研究テーマって，ちょっと，うさんくささを感じませんか」と言った。教育委員会の指導主事も来ている場でのあまりに率直な発言に思わず笑みがこぼれる。みんなが心の中で困惑していた部分をずばり言葉にしてくれていたからだ。そして，渡辺はこう続けた。「でも，地域をテーマにした学習の大切さや価値もきっと同時に感じていることと思います」。これも，共感する部分である。私たちの心にある葛藤を言語化してよいのだという安心感に包まれた。

その後渡辺は，「こんな国分寺学いやだ」のテーマでグループトークする時間をもった。率直に話していいということが初めに示されたことで，終始会話が弾む。「こんな国分寺学やりたくない」のあとには「こういう国分寺学がやりたい」が自然に語られた。みんな生き生きしている。校内研究のスタートにこうした前向きで活発な対話ができたことはとても貴重だった。

4　日常と切り離さない校内授業研究のために　63

　外部講師を招く研究授業や講演会では、全体での研究会が終わったあと、校長室で講師を囲んで話をすることが多い。この日も、管理職や研究推進委員が渡辺を囲んだ。教育委員会の指導主事も同席した。
　研究テーマが自治体から降りてくるケースでは、指導主事や管理職の意向を大切にして研究を進めることが暗黙の了解になる。教師は立場が弱く、どの程度意見を言ってよいものか判断するのがむずかしい。そこに大学教員の外部講師が、中立的な立場で存在することには意義がある。この日の校長室の対話でも、講演会の雰囲気そのままに、本音でたくさんのことを話した。教師のみならず管理職や指導主事までもが、「国分寺学」に感じるむずかしさや可能性を率直に語った。

(3)「国分寺親善大使になろう」の研究授業と協議会（9月13日）
①渡辺の視点から

　四小に私が入って行う初めての協議会。この日の授業は特別支援学級でのもので、国分寺の紹介したいところを子どもたちがグループで出し合って分類するというものだった。研究推進委員会の発案により、大勢の人に囲まれる子どもたちの負担を減らすため、授業見学は、教師らが交替で教室に入り、入れない時間帯は別室でカメラ越しの映像を見るという、変則的なかたちで行われた。
　協議会の冒頭、私から、話し合いの際のポイントとして、「子どもの姿」「授業者の思い」「学び手としての感覚」の三つを示した。
　協議会のやり取りで私が特に印象に残ったのは、授業者が子どものふるまいへの受けとめ方を話した場面だ。
　授業中、「水」にこだわりがあるらしい子どもがいた。「川の水が汚れたら川の生き物がいなくなって……」などと語っている。参観者同士のグループ協議でもこの子の話が出ていた。それを私は全体でのやり取りで取り上げ、授業者に尋ねた。「先生はあの子の『水』へのこだわりをどうみていたのですか」。
　返ってきたのは、「ここまでの学習でも『水』のことをやっていたので予想の範囲内でした。ただ、○○さんは『川』というわりには『川』のイメージをもっていないみたいです。同じグループの□□さんは、野川（国分寺市を流れ

る川）のイメージで『川』と言っています。○○さんには，これからイメージ豊かに熱中して調べていってほしいです」といった旨の話。授業者のこの発言に，ほかの教師らから，「おーっ」「へーっ」といった声が上がった。

このように授業者や参観者が，授業中の出来事をどう受けとめたか率直な思いを語って，周りから共感的な受けとめが出るのを，私は「共感の瞬間」と呼んで大事にしている。というのも，いくら理知的に「今日の授業では子どもが○○していたので，○○だったと思います」などと言い合ったとしても，この「共感の瞬間」が先にない限り，言葉が互いを素通りするだけになるからだ。

また，この日の最後，「『親善大使』や『観光大使』ってみなさんどんなイメージをおもちですか。これぞ『親善大使』『観光大使』と感じるような場面をグループでつくってみましょう」という活動も行った。「国分寺親善大使」という言葉を使って単元を組んでいるわけだが，教師自身は「親善大使」をどう捉えているか，自分の身体を使って浮き彫りにするのだ。

こうした，子どもが行う学習活動を教師自身が体験するのを，私は「なってみる」活動として，さまざまな学校の研修で活用している[8]。しばしば，教師は自分の感覚をくぐらせることのないまま，「上から推奨されているから」「小学校ではこういうのがよくあるから」というだけの理由で，子どもに活動をさせる。そうではなく，学び手としての自らの感覚を働かせてほしいという願いがある。

②佐藤の視点から

この日の協議会も，いつものようにラウンドスタディで行われた。

カメラ越しの授業見学の時間も長かったが，どのグループも会話は活発でなごやかだった。授業提案をしたさつき学級の教師も，ラウンドスタディではそれぞれのグループに入る。そうすることで授業者を無理解に批判したり憶測で話したりするのではなく，授業づくりをしている当事者の考えを聞きながら検討できる。

グループでの協議会が終わったあと，講師にバトンタッチした。渡辺は，（この9月の回に限らずだが）子どものワークシートや学習の様子を写真に撮っ

ものをスクリーンに映し，授業で起きていたことを切り取って示す。その際に特徴的なのが，予想外の児童の反応が大切にされている点である。

　指導案を書くときに，よく「予想される児童の反応」という項目を目にする。その裏には「子どもの様子をしっかりと予想しておき，個に応じた対応ができるよう事前に考えておくべきだ」というようなメッセージが隠れている。そのため，予想外の児童の反応が協議会で話題にされるときは，期待していない児童の姿として捉えられたり，教師の準備不足の結果として語られたりしがちだ。

　しかし，渡辺の切り取り方は異なる。そこには，その反応を引き出した教師への評価は存在せず，「子どもって面白い」という教師の仕事の原動力の部分であったり，「授業で何が起きていたのか」という問いについて考えるきっかけであったりする。そして，それを掘り下げるために授業者の気持ちや子どもの普段の様子，そのときその場で考えていたことなどを聞く。研究協議会では，私たち教師同士も「教える－教えられる」の関係性に陥りがちだが，そうではないあり方を渡辺が提示しているように思える。

　協議会の最後に，渡辺が，「親善大使」「観光大使」のイメージをシーンで表す活動を指示した。しかも，「2分間で考えてください」というのだ。教師たちは大慌てでイメージを話し合う。やってみると，「親善大使」を各々がどのように捉えたのかが一目瞭然だった。やってみたことで，「親善大使になろう」という単元名がどのような意味をもつのか，子どもたちはどんな気持ちで授業に向かっているのだろうかなどの問いが生まれ，アイデアが膨らんだ。

❺　おわりに

　「教える－教えられる」の関係性とは異なるかたちでの校内の授業研究の場づくりについて，また，その際の教師と研究者（外部講師）との連携のありようについて，具体例を通してみてきた。

　本稿では，書き方に関しても，教師と研究者がそれぞれの視点から語る文章を組み込むという試みを行った。これは，授業研究のあり方について考えるう

えで，教師・研究者それぞれの側からの見え方や思いがもっと語られるべきではないかという，両著者の問題意識を反映したものである。

実際，同じ出来事を経験していても，両者が焦点を当てる箇所や受けとめ方は違った。例えば，佐藤が渡辺の特徴としてあげる「予想外の児童の反応」への着目は，渡辺の側では特にそうしたかたちでは意識していないものだった。このことは，校内研究における学びが，単に外部講師側（および研究を推進する教師の側）の意図の達成という図式では捉えられないことを示唆している。

その後の話をしておこう。

2024年度，「国分寺学」の校内研究は2年目を迎えた。佐藤は研究主任になった。渡辺も引き続き外部講師として足を運んでいる。

年度初め，4月11日（木）の校内研修で，佐藤は，教師らがグループに分かれての「まちあるき」を企画し，「みんなに見せたいもの」をタブレットで撮影してくる活動を実施した。

翌日，渡辺が入って行った研修では，それを互いに紹介し合う活動を行ったうえで，「共有したいと思うパターンにはどんなものがあったか」「自分たちがこうしてフィールドワークや交流を体験したからこそ見えてくるものは何か」を話し合うワークを行った。

そしてあらためて，「（成長すると国分寺市を離れる子どもも多いにもかかわらず）このように地域に根ざして学ぶのがなぜ大事なのか」について話し合った。日常と，そして教師の実感と切り離さない校内授業研究のあり方の模索は，いまも続いている。

〈注〉
1) 伊東大介，佐藤由佳，山本由紀，三石初雄（2022）『校内研究を育てる』創風社.
2) 石井英真，原田三朗，黒田真由美（2017）『Round Study　教師の学びをアクティブにする授業研究』東洋館出版社.
3) 渡辺貴裕，岩瀬直樹（2017）「より深い省察の促進を目指す対話型模擬授業検討会を軸とした教師教育の取り組み」『日本教師教育学会年報』第26号，pp.136-146.

4）渡辺貴裕（2019）「協働的でより深い省察を伴う授業検討会に向けての話し合いの様相の変容―教職大学院における模擬授業検討会の取り組みの事例を手がかりに―」『日本教師教育学会年報』第 28 号，pp.96-106.
5）渡辺貴裕（2022）「学習者の視点に立った省察を行える教師を育てる」日本社会科教育学会編『教科専門性をはぐくむ教師教育』東信堂，pp.46-62.
6）渡辺貴裕，矢嶋昭雄（2023）「検討会を『深める』とはどういうことであると学生らは捉えるのか―「対話型模擬授業検討会」の経験をもとに―」『東京学芸大学紀要　総合教育科学系』第 74 巻，pp.540-552.
7）渡部竜也（2019）『主権者教育論』春風社，pp.46-48.
8）渡辺貴裕・藤原由香里（2020）『なってみる学び―演劇的手法で変わる授業と学校―』時事通信社.

Ⅱ

教師の成長を支える教育実践の創造

1 教育方法学の知はいかに生成され，生かされるべきか
　　―シチズンサイエンスとアドボカシーの観点から―

2 授業実践が民主主義と科学を必要とする理由
　　―「正解はない」とされる時代の授業づくりのために―

3 子どもの生活と遊びの指導

4 言語と文化の多様な子どもが共に生きる学校と授業
　　―学校全体で引き受けるための4つの視点―

1 教育方法学の知はいかに生成され，生かされるべきか
―シチズンサイエンスとアドボカシーの観点から―

広島大学 **草原　和博**

❶ 教育方法学の知

　学術の「知」は，専門的トレーニングを積んだ研究者によって生成され，それは研究者によるピアレビューを経た研究論文として共有される。学術とは，学術共同体を構成する研究者による自由な研究・開発の営みであり，それは外界からの不当な介入に対する自律性の発揮をもって担保される。

　日本教育方法学会（以下，本学会と略記）の活動もその例に漏れない。『教育方法学研究』は教育学分野のトップジャーナルの一つであり，各学協会は，ピアレビューによってその質が一定水準に達していると評価される論文と研究雑誌を発行しつづけることで，学術共同体としての存在価値を対外的に主張している。筆者は2019年（第44巻）から2023年度（第48巻）の5年間に刊行された『教育方法学研究』の著者属性を調査した[1]。掲載論文数は39本，執筆者数は43名，そのうち大学・高専・その他研究機関に勤める職業研究者が53.5％。大学院生が41.9％，それ以外の教育の実務・実践機関に勤める非職業研究者は4.7％だった。

　本学会は，『教育方法学研究』以外にも機関紙として『教育方法』を刊行している。『教育方法』は，時々の研究動向や実践課題を受けとめ設定された特集テーマのもとに複数の論考を掲載してきた。執筆者は原則として職業研究者の会員で占められているが，読者は会員以外にも訴求することを意図して，商業市販のルートに乗せられている。

　これらの事実が意味するところは，本学会の「知」は，教育方法の遂行主体である教育の実務者・実践者よりも，それを対象化して捉える職業研究者によっ

て担われてきたことであり[2]，職業研究者を中心とする学術共同体の中で知を生成し，その知を内部で流通させるだけなく，その一部を外部に還流させる構造を確立してきたことである。学協会にとって研究と出版とは，当該学問の「知」を構成し，学術的コミュニケーションのための共通言語を生成する営みそのものであり，その共通言語を理解し，使いこなし，そしてコミュニケーション可能な主体の広がりが，実質的に学術共同体の外延を規定している。日本教育方法学会の場合，その中心は会員であり，職業研究者であった。

　本稿は，この閉ざされたコミュニケーションの系をより開放された系に移行させる理念と方策を検討するものである。本学会は，2023年度の総会において，『教育方法学研究』に「実践研究論文」と「開拓・萌芽論文」のカテゴリ——投稿要領では「論文種別」と称されている——を新設する方針が確認された[3]。筆者は，これらの新カテゴリを学術共同体の「知」を外に開く契機と捉えている。本稿では上述のようなスタンスに立って，シチズンサイエンスとアドボカシーそれぞれの視点を手がかりに，教育方法学の「知」をいかに生成し，いかに生かしていくべきかを論じたい。

❷　シチズンサイエンスと知の生成

　シチズンサイエンスについて，中村は，オックスフォード英語辞書を引きつつ「一般市民によって行われる科学研究であり，しばしば職業的科学者や研究機関との協力のもと，あるいはその指導のもとで行われる」と定義する[4]。知の生成における職業研究者と市民研究者の非対称的な関係性を見直し，科学の民主化と社会化を追究する研究の潮流であり，大きくは以下二つのアプローチに整理されるという[5]。

・市民の参加を得る科学，市民が職業科学者の協力を求めるアプローチ
　Community-Based Participatory Research（CBPR）
・市民が非職業科学者として研究成果を上げるアプローチ
　Beyond The Walls Research（BTWR）

表 シチズンサイエンスの10の原則

1	市民科学のプロジェクトは，新しい知識や理解を生む科学的な活動に，市民を積極的に巻き込みます。
2	市民科学のプロジェクトは，正当な科学的成果をもたらします。
3	職業科学者も市民科学者も，市民科学への参加を通じて得られるものがあります。
4	市民科学者は，希望に応じて，科学のさまざまなプロセスに参加することができます。
5	市民科学者は，その協力や貢献に対してプロジェクトからフィードバックを得ることができます。
6	市民科学には，他の科学研究と同じように限界やバイアスがあり，それらを十分に考慮し，制御する必要があります。
7	市民科学のプロジェクトは，データやメタデータを誰でも使えるように公開し，また，成果は可能な限り，アクセスに制限のないオープンアクセス形式で公開します。
8	市民科学者の貢献は，プロジェクトの成果や出版物の中で明記されます。
9	市民科学にプログラムは，科学的成果や，データの質，参加者の経験，広く社会や政策に与えた影響から評価されます。
10	市民科学プロジェクトの主催者は，著作権や知的財産，データ共有協定，守秘義務，データ等の帰属，そしてプロジェクトの活動が環境に与える影響など，さまざまな法的・倫理的課題を考慮します。

　前者と後者では，想定されている研究の中心的主体が職業科学者か非職業科学者かの違いはあるが，職業研究者が「知」を独占するのではなく，職業研究者と非職業研究者による「知」の共同構築を大切にする点では共通している。このような特性を受けて，シチズンサイエンスは，従来，環境問題や生物，考古・遺跡，歴史の研究など，データ収集に一般市民の協力が欠かせない学問分野を中心に議論が進展してきた。

　欧州シチズンサイエンス協会は，シチズンサイエンスの10原則を定め，複数の言語で公開している[6]。詳細は**表**のとおりで，職業科学者と市民（非職業科学者）のあるべき関係性を提起している。

　日本学術会議は，1990年台以降，科学技術と社会との関係を，①理解促進，

②双方向，③対話，④参加，⑤共創と段階的に深化させてきた[7]。すなわち，科学の側が社会に対してアウトリーチし，知の啓蒙・普及をはかる第一段階，社会の側も科学側に意見を表明する第二段階，科学のあり方をめぐって社会と科学が対話を深める第三段階，社会の側が積極的に知の生成過程に参加する第四段階，そして科学と社会がともに知を生み出す過程に全面的に関与する第五段階である[8]。岸村は，低段階よりも高段階のコミュニケーションが優れているとみなし，①から⑤への移行史を是とする単線的な成長論を批判する。むしろ「多層的な科学コミュニケーション」として五つの関係性を同時的に導入するほうが健全であり，シチズンサイエンスの実践には適すると説いている[9]。

このように社会と科学との連携を模索してきたシチズンサイエンスであるが，課題も指摘されている[10]。大きくは二点に整理できるだろう。

第一に，非職業研究者の学術的トレーニングや研究倫理の欠如に由来するデータの質の問題である。科学的に信頼性の担保されたデータの取扱いは学術研究の成立条件でもある。上述の五段階の理解促進や対話の段階ではそれほど問題にならないが，市民が本格的に研究活動に参加する段階になると，この問題が顕在化してくる。第二に，職業科学者による非職業研究者の搾取の問題である。市民が善意やボランティアでデータの収集や分析に協力しても，研究上・金銭上の対価が伴わず，または協力者の貢献が正当に評価されないとき，搾取につながる。シチズンサイエンスは，潜在的にその危険性を内包している。両者の間に権力的な非対称性が存在する場合，シチズンサイエンスはこの関係性をさらに固定化する恐れがある。

このような事態を回避するためには，知の生成過程に非職業研究者が関与しやすくすることを学会として支援する仕組みづくりが求められている。

具体的な取組み例をみていこう[11]。欧州の教師教育学研究者の専門性開発を研究ネットワークに，InfoTEDがある。同学会は「InfoTEDアカデミー」を開催し，各国で教員養成・研修の実務に携わる教師教育者を対象に，「教師教育者の専門性開発に関する知識を構築し，実践的かつ学術的な専門知識を共有し，教師教育者のための将来の専門能力開発イニシアチブに取り組む機会」を

提供している。参加費は250ユーロで，5日間のオンラインと5日間の対面セミナーが予定されている。対面セミナーでは，アイデンティティや専門性，自己省察，政策等に関する第一線の研究者の基調講演とその内容と関連した演習，そして参加者の毎日の学びを動画にして提出する活動等が用意されている。本セミナーの特徴は，学校や養成・研修機関の実務者と研究機関等の研究者がペアとなって受講することを奨励している点であろう。個別の人間関係や師弟関係に依存することなく，学協会主導で教育・研究のトレーニングの場を提供することが，職業研究者と非職業研究者のコミュニティ構築を促し，また「知」の共有と共創の質を担保していくことになると解される。

❸ アドボカシーと社会への働きかけ

　アドボカシーは，政策提言等と訳されることもあるが，WHOによると，社会に働きかけて，「政治的コミットメント」「政治的支援」「社会からの受容」および「制度的支援」を得ることだという[12]。換言すると，学協会が生成した「知」とその基盤にある価値観を，学術コミュニティ内に留めず，社会に広め，社会に影響を与え，社会で受け入れられるところまで責任をもつことである。

　日本ではこのような意味でのアドボカシーは，個々の学会よりも，学会等の連絡協議会（コンソーシアム）や日本学術会議等が窓口となる傾向にあった。しかし一部の学会はそれに取り組み始めている。例えば，日本生態学会は，学会誌で「生態学と政策・制度をつなぐコミュニケーションのデザイン」の特集を組んで，アドボカシーの理念に注目している[13]。日本健康教育学会は，学会主催でセミナー「研究・実践からアドボカシー（政策提言）へ」を開催した。同学会では，禁煙や減塩，肥満等の実態や解決策を解明するだけでなく，これらの成果を実行力をもって実現に移すこと，さらには「個人としてのかかわりを学会としてのかかわりにしていく方向性」や「意見が食い違う部分を一つにまとめていく必要」を確認している[14]。また同学会は，アドボカシーを実現する構図についても議論を展開している。図には，Traver Siltonのアドボカシー

実践モデル[15]を簡略化して表現した。このモデルでは，社会に何かしらの変化をもたらすために，根拠に基づいて組織や制度に働きかけ，多様なメディアを駆使してメッセージを発信するまでのアクションが，六段階に整理されている。この一連のプロセスは，左側のサイエンスと右側のアートの融合として捉えられるという[16]。なお，ソーシャルメディアが発達した現代においては，出口の「メッセージづくり」は，YouTubeやInstagram，X，note等への依存が大きくなるのではないか。

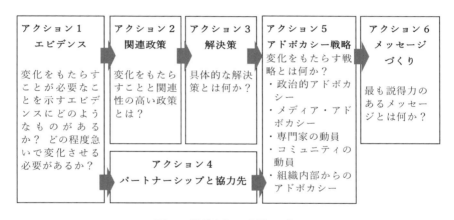

図　アドボカシー実践モデル

　教育学系の学協会におけるアドボカシーの取扱いはどうか。日本の学協会ではそれほど顕著ではないが，欧米の場合，アドボカシーは学会の主たる活動として明確に位置づけられている。例えば，全米教育学会（AERA）のウェブサイトでは，「ポリシー＆アドボカシー」の枠組みをもって，声明や政策提言等を継続的に発表している[17]。例えば，教育省の規則改正に対する意見表明，研究資金の確保の要求などである。

　筆者が所属する全米社会科協議会（NCSS）は，よりアドボカシー志向が強い。アドボカシーに関して，「社会科に関する主要な団体であり，権威ある発言者である私たちの地位に基づいて，会員を代弁し，専門職者の利益を代弁し，市

民の対話に影響を与え、そして私たちの社会的基盤を強化する」姿勢を明確に宣言している[18]。教育課程における社会科の地位が急激に低下している米国では、社会科の価値を伝え、州カリキュラムでの履修時間を増やし、注目度を高める働きかけは、同学会の主要なミッションとなっている。なかでも卒業証書に市民性教育履修証明印章（diploma seal）を導入する運動は、NCSSのアドボカシーの中核的活動の一つとなっている。現時点では、カリフォルニア州やニューヨーク州、バージニア州等で法令化されているという。法令化に向けて学会本体がロビー活動を展開するのは言うまでもないが、会員自身の行動にも期待を寄せている点は注目される。NCSSのウェブページでは、地元選出の議員に面会のアポをとり、市民性教育の価値を訴え、お礼を伝えるまでの一連の陳情の書式と留意点がていねいに解説されている[19]。一方、実践者向けの働きかけとしては、授業で政治的にセンシティブな内容を取り上げる際の防衛策が提案されており、有用性が高い。具体的には、授業で「批判的人種理論」[20]を扱い、保護者や報道機関から問い合わせを受けた際の想定問答や理論的裏づけ、相談窓口等の公開である[21]。これは、市民性教育を現場レベルで安心安全に実践できる環境をつくるための情報開示であり、教師の教える自由と権利を擁護する試みともいえるだろう。

このようにアドボカシーは、必ずしも政府機関等への制度・政策提言に限定されない。政策立案者や市民の認知と受容を引き出すとともに、会員（研究者や実務者）の正当な権利を要求し、各学協会がめざす社会像を実現するところまでが含意されている。

❹ 教育方法学の知、再考

①シチズンサイエンスと②アドボカシーの視点から日本教育方法学会の「知」のあり方をあらためて捉え直したい。それはすなわち、以下のプロセスと関係性を問うことと同義になるだろう。

> 社会→①：生成→学術の知→②：発信→社会

本学会は,『教育方法学研究』と『教育方法』という活字媒体に加えて,対面・オンラインによる研究大会・研究集会・若手支援企画等を開催してきた。上述の①と②の視点からこれらの媒体・場における「知」のあり方を自己点検するならば,知の生成において,職業研究者と非職業研究者の関係性は民主的で,教育方法や授業研究の主体と連携して知を生成できているか,が問われるだろう。次に知の発信においては,教育方法の改善や授業研究を推進する主体の権利を擁護するとともに,自律的な教育実践を支える体制・組織づくりにコミットできているか,また表現の媒体や言語(論理や修辞)は当事者に届いているか,が問われるだろう。

　本稿の冒頭でも述べたように,本学会では論文投稿のカテゴリの見直しが行われた。筆者の見立てによると,この見直しは,上述した課題に対する処方箋ともなっている。

　例えば,「実践研究論文」のカテゴリは,シチズンサイエンスとしての教育方法学の強化の視点から意義づけられるべきだろう。本カテゴリの設定は,教育実践の当事者(多くの場合は非職業研究者)が研究に参加し,職業研究者と知を共創する権利と機会を積極的に保障した制度改正といえる。今後は非職業研究者が知の生成に参画できる可能性を,個人の責任や能力に委ねるのではなく,制度として保障していく必要がある。具体的には,各学協会の責任において,専門性開発の場を提供したり,研究費支援の基金を整備したり,研究倫理審査の仕組みを整えたりすることが,「知」の生成を実質的に社会に開いていくことになるのではないか。

　一方「開拓・萌芽論文」のカテゴリ設定は,アドボカシーを推進する教育方法学の基盤づくりの視点から評価されるべきだろう。例えば,史資料やデータの蓄積を進める研究(論文種別の条件1)は,教育方法や授業研究の実態や課題を捉えたリソースやエビデンスを提供することができる。実践的課題や政策的課題の解決策を検討する研究(条件2)は,学協会のアドボカシー戦略を議論する「たたき台」を提供することになるだろう。また,隣接分野の理論・方法の導入を図る研究(条件3)は,学問間の垣根を下げ,研究者間の対話の活

性化に寄与するだろう。すなわち，データを提供し，政策・提言等を構想し，学際性を追究した研究成果物は，「知」の発信を実質的に社会に開いていくことになる。ただし，論文という（厳格な）表現形式だけで，教育方法学の「知」を広く社会に（政府，市民，保護者・教師，そして子どもに）届け，授業研究の意義を，教師の専門職性を，学習者の権利を，そして公教育の価値を訴求することができるかは，別途議論されなくてはならない。

　教育方法学における「知」の生成と発信のあり方を，教育方法学研究の社会化と民主化の視点から再検討されることを期待したい。

〈注〉
1) 所属が複数記載されている場合は，1番目の所属で判別した。連名共著論文の場合は，すべての著者をカウントした。なお，端数処理のため，パーセントの総数は100を越える。
2) 執筆者の属性は，学協会の問題関心や分野特性によっても違ってくる。草原の調べでは，全国社会科教育学会では，職業研究者は45.3％，大学院生が17.9％，非職業研究者が31.5％と報告されている（草原和博・溝口和弘・桑原敏典（2015）『社会科教育学研究ハンドブック』明治図書，p.36.）
3) 「論文種別」の条件は，『教育方法学研究』の投稿要領に記載されている。https://www.nasem.jp/学会紀要-教育方法学研究/（2024年5月31日閲覧）
4) 中村征樹（2020）「シチズンサイエンスの普及にむけて」『学術の動向』（学術協力財団）第25巻4号，p.38.
5) 岸村顕広（2020）「シチズンサイエンスを活用して社会と科学のつながりを強化する」科学技術・学術審議会　研究計画・評価分科会，科学技術社会連携委員会（第12回）資料2-1, p.14.
6) https://ecsa.citizen-science.net/wpcontent/uploads/2021/02/ECSA-10-principlesJapanese-1.pdf（2024年5月31日閲覧）
7) 上掲資料（5），p.12.
8) 類似の分類として，Van der Auweraer の理解（Public Understanding），意識向上（Awareness），関与（Engagement），参加（Participation）の4段階がある（春日匠（2023）「科学技術コミュニケーションとシチズンサイエンス」『日本の科学者』第58巻1号，pp.20-21）。
9) 上掲（5），p.13.
10) 一方井祐子・小野英理・榎戸輝揚（2021）「シチズンサイエンスの多様性」『日本

生態学会誌』第 71 巻 2 号，pp.93-94.
11) https://info-ted.eu/info-ted-academy/（2024 年 5 月 31 日閲覧）
12) 神馬征峰（2017）「アドボカシー実践に必要な 2 つの成長」『日本健康教育学会誌』第 25 巻 2 号，p.107.
13) 佐久間大輔（2018）「共生の時代のアウトリーチとアドボカシー」『日本生態学会誌』第 68 集，pp.223 -232.
14) 新保みさ・角谷雄哉・江口泰正・中山直子（2015）「学会からのアドボカシーに向けて」『日本健康教育学会誌』第 23 巻 3 号，p.248.
15) 神馬征峰（2019）「社会医学とアドボカシー」『社会医学研究』第 36 巻 2 号，p.38.
16) 中村正和（2017）「アドボカシー再考」『日本健康教育学会誌』第 25 巻 2 号，p.133.
17) https://www.aera.net/Research-Policy-Advocacy（2024 年 5 月 31 日閲覧）
18) https://www.socialstudies.org/advocate（2024 年 5 月 31 日閲覧）
19) https://www.socialstudies.org/advocacy/ncss-seal-civic-readiness-toolkit /seal-civic-readiness-frequently-asked-questions（2024 年 5 月 31 日閲覧）
20) 批判的人種理論とは，「差別は個人の心の問題だけでなく，法律や制度を通じて社会に組み込まれ，構造的に存在し続けている」という考え方。反対派は，この理論が「アメリカ社会そのものが差別的であるかのような主張」であり，理論に影響された「教師が奴隷制度などの歴史を過度に強調して」教えていると反発している（「（世界発 2021）人種差別の教育，米で論争に「批判的人種理論」保守派が反発『朝日新聞デジタル』2021 年 11 月 2 日）。
21) https://www.socialstudies.org/sites/default/files/attach-pdf-2021-09/ LFH_Toolkit_Teachers.pdf（2024 年 5 月 31 日閲覧）

2 授業実践が民主主義と科学を必要とする理由
―「正解はない」とされる時代の授業づくりのために―

日本大学　香川　七海

❶ 「教育に正解はない」？

　日本の教育界には，「教育に正解はない」というステレオタイプな語りがある[1]。この語りは，教育関係者によって，しばしば用いられることがあるが，限定がかけられていないので，「教育」の射程が判然としない。家庭教育，学校教育，社会教育，企業内教育などのいずれかを念頭に置いているのだろうが，そういう曖昧な「教育」に対して，「正解」など提示できないだろう。

　ただ，この場合の「教育」が学校教育を念頭に置いているとすれば，「正解」も，「不正解」も，ある程度提示することができる。例えば，教育公務員は，入職の段階で日本国憲法を尊重するという宣誓書に署名をする。したがって，彼らが憲法の理念から逸脱した教育活動を行うことは，明確な「不正解」である。また，私立学校においても，憲法のもと，個々人の権利が尊重されている現在の日本社会では，教育活動における暴力，精神的苦痛を与える行為，思想統制，特定の人種や民族の迫害などは，明確な「不正解」となる。学校教育に「正解はない」としてしまうと，このように明らかな「不正解」をも容認されかねない危険性がある。だからこそ，教育関係者は，私たちの社会において，何が学校教育の「正解」となり，何が「不正解」となるのかを，常に考えなければならない。本稿では，このことを，学校教育における授業実践という側面に特化して考察する。さまざまな場面で，「正解はない」と繰り返される時代に，あえて授業の目標とすべき方向（＝「正解」）を模索することが本稿のねらいである。

❷ 授業実践の目的

　授業実践の「正解」や「不正解」を考察する前提として，そもそも，学校教育における授業の目的とは，どのようなものかということについて考察しよう。
　初等・中等教育の場合，授業の目的は，短期的な視座（＝現実的な視座）と，長期的な視座（＝理念的な視座）から応答が可能であるように思う。

（1）短期的な視座

　児童生徒にとって授業の目的は，総じて，短期的な視座のものとなりやすい。通俗的には，およそ次のような目的があげられるだろう。①成績のため（＝テストや通知表に対する消極的，積極的な向上心，保護者や教職員，友人からの評価を意識するなど），②受験のため（＝偏差値を上げるため，内申点のため，希望の進路に進むため，受験学力を向上させるため，受験資格を得るためなど），③就職のため（＝基本的知識や技能を身につけるため，さまざまな資格を得るためなど），④社会に適応するため（＝社会生活を営むため，日本社会や企業社会の常識に適応するためなど），⑤基本的知識や技能，教養を深めるため（＝探究心，向上心，知りたい・学びたいという知的欲求など）といった目的が想定される。こうした目的が交叉するかたちで児童生徒から授業に期待が寄せられているように思われる。そして，上記の児童生徒の期待と，ほぼ同様に授業の目的を理解している教育関係者や保護者も少なくはないはずである。①〜④こそ，授業を実施する目的だと考えている人々も一定数いるだろう。
　本稿では，後述するように民主主義を理念とする社会を前提として「正解」と「不正解」についての議論を進めるが[2]，その視座から言うと，短期的な視座には，いくつかの問題点を指摘できる。まず，①成績と，②受験について。①は，一般的な傾向として，他者との比較や受験という論点に接続しやすい。②は，一元的な評価基準による選抜となりやすく，成績による人間の序列化を伴う。序列化は，いわゆる「健常児」と障害児の分離，学校や学級間の格差，劣等感と優越感の過度な育成（＝いわゆる「学歴マウンティング」など）といった課題と関係する可能性があるし[3]，得点や偏差値などの指標で，人間の価

値すらも一元的に序列可能だという誤認を育む可能性がある。また，入試制度は，血統や階層を問わないニュートラルな選抜という長所はあるが，現実には，経済的格差による不平等と癒着している。

また，③就職と，④社会への適応について。「社畜」や「ブラック企業」という言葉の普及からも明らかだが，従業員は，企業や組織内の価値観に逆らうことがむずかしい。企業や組織内の論理が民主主義社会の普遍的正義と重なっていればよいが，そうではない場合は，上役の指示を実行することで，何かしらの悪行に加担してしまうこともありえる。また，社会の価値観は時代によって変化し，前時代の常識が次世代の非常識となる事例も多い。いずれの価値観もけっして普遍性をもっているわけではないので，それに適応することのみを授業の目的にすることはできないのである[4]。

(2) 長期的な視座

他方，長期的な視座については，複数の論者が，政治哲学分野のデモクラシー論，公共性論や平等論などの知見を手がかりに模索を続けている。このとき，多くの論者は，理想的な社会の形態を念頭において，そこから，あるべき「教育」のあり方について構想をする傾向がある。

ただ，本稿では，その逆から考えてみたい。つまり，最も避けるべき社会状況を民主主義の崩壊と，その後のファシズム政治の台頭と想定し，そこから逆算して，それを忌避するための方途を構想する。ある社会状況がどのように崩壊するかを考えることこそが，「何が抵抗してくるのか，何を強化できるのか，何を再建できるのか，何を考え直すべきなのか」（スナイダー，2020，p.18）ということの示唆になるはずである。

また，そもそも，理想的な社会の形態についての議論は，論者間に見解の相違を生みやすい。なぜならば，民主主義が「どうすればもっともうまく達成できるのか」ということには「議論の余地があり」，そのために，「民主主義には」「直接民主制，代議制，自由主義，社会主義，リバタリアン，共和制，社会民主主義，アナーキズム，住民投票」など，「多くの理論と様態が存在する」からである（ブラウン，2017，p.204）。ただし，「民主主義にはそれなしでは最

低限の育成も維持も不可能な，特定の条件が」あり，それは，Ⓐ「富の集中と貧困が極端になることが制限されていること」，Ⓑ「公共善への配慮として市民性を志向すること」，Ⓒ「市民が権力，歴史，代表，正義のあり方を適度に理解していること」とされる（ブラウン，2017，p.205）。これは，おおむね，どのようなデモクラシー論からも一定の同意を得られる論点だと思われる。そうだとすれば，民主主義の崩壊を忌避するためには，Ⓐ～Ⓒを維持することを念頭に，社会や学校教育のあり方を構想することになる。これが本稿で言うところの長期的な視座である。

　また，仮に，Ⓐ～Ⓒの条件が成立しなくなり，民主主義が崩壊した場合，どうなるのかということも想定しておく必要があるだろう。この場合，最も典型的に語られるのは，全体主義体制のナチス・ドイツ（Nazi-Deutschland：1933～1945）の社会状況である。「全体主義体制は必然的にその臣民を絶えず狩り」立て（キーン，2013，p.119），「少数派の異なる意思を保護するどころか，これを多数派の意思に強制的に同質化する」（権左，2020，p.189）。ナチス政権下では，ユダヤ人やアフリカ系ドイツ人，ロマなどの少数民族，同性愛者，障害者，アルコール依存症の患者などが監視と排除の対象となったが，その極致がユダヤ人の絶滅計画である（キーン，2013，p.119）。民主主義の崩壊とファシズム政治の台頭は，このように，人類史に前例のない惨禍をもたらす。

　また，ここで忘れてはならないのは，ナチス政権を支持していたドイツ人のその後である。敗戦直前にナチス政権は，敵軍の侵攻や占領政策を阻害するために，ドイツ国内のインフラストラクチャーを徹底的に破壊しようとした（シュペーア，2001，p.328）。国民生活など考慮されなかった。また，敗戦後，ドイツ人は，ヨーロッパ各地を追われ，過酷な報復や非難を受けて，国家も東西に分裂した。その政治的，倫理的な影響は，現在まで続いている。政治的選択を誤ったことで，ドイツ人自身も破滅に向かったということは，一つの教訓としなければならない史実である[5]。

　特に，現在の日本では経済的要因による教育格差が問題視されているが，これに対して，「格差が生まれることは仕方がない」とか「高校や大学に全員が

進学する必要はない」（＝教育機会を保障する必要はない）といった極論が展開されることもある。しかし、政治や社会に対する知識が薄弱な有権者が増加すればするほど（＝Ⓐの崩壊による、ⒷⒸの低下），当該の社会は，危険にさらされる可能性が高い。そうした有権者を大量に生み出す社会システムを是認するのは愚かである。国民の多数が陰謀論や情緒に左右され，一票の力を結集させた場合，理性や知性に逆行した政治的選択が行われることもありえるだろう6)。平板な表現になるが，「みんなが賢くなる」ことが，個々人のウェルビーイング（Well-being）を保障する前提につながるわけである。

❸ 民主主義と科学——授業を通して科学を学ぶ

　それでは，民主主義の崩壊を阻止するためには，いかなる方途がありえるのだろうか。興味深いことに，民主主義の衰退を懸念する欧米圏の政治学者や哲学者，社会学者らは，その著作のなかで，総じて，「教育」への期待を語る傾向がある。高等教育を念頭に置くのか，初等・中等教育を想定するのかといった違いはあるが，おおむね共通するのは，以下のような視座である（番号と下線部は，便宜的に筆者が加筆した）。

　　ファシスト政治は教育や専門知や言語を攻撃することで「公の対話」を妨害しようとする。①異なる視点を提供してくれる教育や，②自分に不足した専門知への敬意や，③現実について的確に語ることができるだけの豊かな言語能力がなければ，知的な討論は成り立たない。教育と専門知と優れた言語能力が失われたあとには，「権力」と「同族への帰属意識」しか残らない（スタンリー，2020, p.54）。

　青少年は，初等・中等教育にて科学の基礎を学び，それを高等教育で専門的知識に結実させる（Thompson, 2022, p.138/236）。この営みによって，「市民の統治能力」が向上し（Thompson, 2022, p.236），「政策を議論する社会の共通言語」の「弱体化」（スタンリー，2020, p.73）を忌避することができる。逆にいえば，そうしなければ，民主主義は維持できなくなるかもしれない。し

たがって，民主主義を社会のあるべき理念とするならば，学校教育における授業の「正解」とは，児童生徒に①②③のような資質を育成することにあるといえる。この資質を育成できるならば，どのような形態の教育活動でも推奨されるべきだが，現状の学校教育において児童生徒が最も時間を費やしているのは，授業＝教科学習である。現実には，教科学習を通して，科学の基礎を学ぶことが上記の資質の育成の足がかりとなるだろう。

　ところで，教科学習を通して科学を学ぶことが，民主主義の維持において，なぜ重要なのか[7]。このことについて，近年，"Why Democracies Need Science"（邦訳：『民主主義が科学を必要とする理由』）という著作[8]を公刊したイギリスの科学社会学者らの見解を一部援用して考えてみよう。

　著者によると，第一には，その理由はシンプルである。「観察可能な世界に関しては，体系的にその世界を観察した者の方が，そうではない者よりも，よりよい意見を提出できる」からである（コリンズ＋エヴァンズ，2022, p.33）。「もし，人が世界の様子を知りたいと思っているならば，その人は，世界の様子を観察したことのない人の意見よりも，世界の様子を観察したことのある人の意見を聴くのではないだろうか」（コリンズ＋エヴァンズ，2022, p.65）。

　確率論としていえば，素人の山勘や経験知よりも，専門知のほうが正確なことのほうが多い[9]。私たちは，専門知を学ぶことによって，民主主義の衰退について敏感になることができるし，かつ，よりよい社会のあり方を模索することができる可能性が高いのである。

　第二には，科学そのものが民主主義を体現するものだからである。「科学を束ねている価値は，民主主義社会を束ねている価値と，重なる部分を多く持っている」（コリンズ＋エヴァンズ，2022, p.40）。その「重なる部分」とは，一部を紹介すると，①「科学者は，民族，国籍，文化，性別に関係なく，科学に貢献」できること，②権力者や多数派の見解が真理と反している場合でも，科学者は，それを指摘することができること，③「科学的主張はすべて反証可能性を」もつことなどである（コリンズ＋エヴァンズ，pp.75-88）。第一の論点の部分で，「よりよい意見を提出できる」とふれたが，これは，「より正しい」

という意味ではなく，民主主義を体現する科学の成果をもとに思考し，何かしらの選択を行うことが，「善良さという意味で，よりよいのである」（コリンズ＋エヴァンズ，2022，pp.32-33）。ある集団で，最も声の大きい人間の決断に忖度するよりも，科学の成果をもとにされた決断のほうに価値がある。たとえ後者の決断の結果に瑕疵があったとしても，その決断のほうが「善良」なのである。

❹ 科学史学者・板倉聖宣の科学教育論

　それでは，"Why Democracies Need Science" による第一と第二の論点を，教育実践の文脈に落とし込むとどうなるのだろうか。このことを考察するために，科学史学者の板倉聖宣（1930-2018）の所論に着目したい。板倉は，科学教育の理論の一つである仮説実験授業の提唱者として著名である。しかし，同時に，彼は，戦後日本において，教育実践における民主主義と科学の関係を問い続けた代表的な人物の一人でもあった。

　まず，簡単に彼の経歴について説明をしておこう。板倉は，アリストテレス（Aristotle）やアンペール（André-Marie Ampère）らに代表される古典力学と電磁気学の科学史研究を専門としていた。東京大学大学院数物系研究科を修了後，1959（昭和34）年から国立教育研究所の所員となる。在職中に小学校教師とともに共同研究を行って，1963（昭和38）年に仮説実験授業を提唱した。それ以降，板倉は，理科教育を足場としながら，本格的に民間教育研究運動に関与するようになる。その後，仮説実験授業研究会の代表や日本科学史学会の会長などを歴任し，2018（平成30）年に，87歳で病没した。

　板倉の提唱した仮説実験授業は，児童生徒が仮説を立て，それを実験によって検証するというプロセスを中心とした科学教育である。具体的には，【科学的概念に関する質問Ⓐの提示】→【個人予想（仮説の立案）】→【学級の意見の集計】→【仮説の当否に関する学級の議論】→【個人予想（仮説の再立案）】→【学級の意見の集計】→【実験による仮説の当否の検証】→【科学的事象に

関する質問Ⓑの提示】といった流れで展開された。このプロセスが繰り返されるうちに，一つの科学的概念を多様な角度から検証して，理解できるとされた。

仮説実験授業は，その当否を含めて，従来，理科教育の文脈から議論されることが多かった。しかし板倉は，もともと，敗戦の経験と，戦後直後の社会運動の文脈から科学教育論を構想しており，彼の所論は，戦後民主主義に関する議論ともかかわりが深い。彼自身，仮説実験授業を，「科学教育の問題を解決するためというよりは，むしろもっと広い教育の問題あるいは思想の問題」「を解決するため」のものだと説明していた（板倉，1969，p.3）。

また，注目すべきことに，板倉の所論は "Why Democracies Need Science" から抽出した前述の論点にも共通する視座を有している。以下より，民主主義と科学に関係する部分を中心に板倉の所論を検討してみよう。

まず，第一の論点について。板倉は，仮説実験授業を提唱した当時，「科学的な考え方」を身につけることで，「デマにまどわされず真理を見通すことのできるような人間を育てること」が可能になると語っていた（板倉，1967，p.50）。彼が仮説実験授業を構想した背景には，自身の「敗戦の経験」がある（板倉，1989，p.161；1992a，p.74）。アジア・太平洋戦争に際して，「多くの人々は，天皇の名において始められた戦争に従順に従って」，敗色が濃厚になっても，「真剣に平和への道を自ら求めようとしなかった」（板倉，1996，p.70）。

板倉によれば，当時の人々は，「自分の感情を」天皇制，あるいは，時代の「雰囲気に」任せて，「自分自身で戦争と平和の問題を判断する力を」喪失していたのだという（板倉，1996，pp.67-71）。この経験から，板倉は，「不合理な考え方を」排して，「まわりの雰囲気に飲み込まれることなく，いつも合理的・科学的な判断ができるように」青少年を育成することを科学教育の「目的の一つ」とした（板倉，1996，p.66/71）。また，大学院生時代，板倉は，自身の所属する東京大学自然弁証法研究会を通して，ヒトラー（Adolph Hitler）の著作，『我が闘争』（興風館，1942）を分析していた（板倉，1990b，p.41）。彼は，ヒトラーが「デマ政治宣伝」の方途としてあげた「知性に対して大いに制限を加える必要がある」という記述と，「大衆に純理論的な真実を教えてやる必要は

ない」といった記述にふれ（板倉，1977，p.182），プロパガンダの巧妙さを知る。そして，「これだけ考えている」支配者や指導者に対して，ただ，みずからが「正義だ」と対抗するだけでは勝負にならないと痛感したという（板倉，1990b，p.42）。その結果，板倉は，「支配者・指導者のデマ宣伝にまどわされないような国民の教育を急務とする」と考えるようになり，それが「仮説実験授業の基礎を」成すことになった（板倉，1967，p.42）。

続いて，第二の論点について。板倉によると，科学は，「徹底的に疑われること」と，「徹底的に議論することによって誰からも疑われずに済むような体系を」構築したという（板倉，1992b，p.13）。科学は，「科学者が納得するまでとことん煮詰めて，とことんまで議論し，とことんまで証拠を出し合って」（板倉，1992b，p.13）一つの知見に到達する。したがって，科学の真理は，「誰かが「権力をもってこれを真理とみなす」ということを宣言して真理となったのでは」ない（板倉，1992b，p.13）。

このような科学の特質から，彼は，科学が，「ほかの人々に自分の考えを納得させる必要のあった社会」でなければ進歩することができないので，「科学はいつも民主的な社会が達成されている場面」こそ「進歩する」とする（板倉，1989，p.184；1990b，p.60）。こうした理解から，板倉は，「科学というのは徹頭徹尾民主的なもの」だと評価した（板倉，1984，p.228；1992b，p.13）。

❺ 科学への反証可能性とその限界

このように，"Why Democracies Need Science" の論点と板倉の所論は親和的である。しかし，通俗的に，授業を通して科学を学ぶということは，「苦痛を伴う勉強」というイメージで理解されやすい。テストのために暗記をするという半強制的な圧力（＝「押しつけ」）がイメージされることもあるだろう。だが，板倉は，科学そのものが民主主義を体現しているからこそ，科学研究の性格にそった授業を構成することで，「押しつけ」と決別しようとした。逆にいえば，「押しつけ」を伴う科学教育は，民主主義の理念に逆行するものであり，それ

自体が問題なのである。こうした意図から，板倉は，算数・数学分野では，「目的がわかんなくても計算しろ」（板倉，1984，p.219）といった類のことが授業のなかで常態化していると批判する。彼によれば，「学校教育の中」では，「すべてのことが無目的に，技術的に教え」られてる傾向があるという（板倉，1984，p.67）。本来，人々が熟議を通して納得すべき科学的知見を，教師がある種の権力や惰性をもって，「こうなっているので覚えろ／理解しろ」と教え込む構造は，たしかに彼の理想には逆行する。

　他方，仮説実験授業の場合は，①児童生徒の探究心を喚起する問い（＝科学的概念に関する質問）が提示され，②仮説の立論や議論の時間を通して，証拠や論拠の提示，徹底的な議論が試みられた。彼によれば，これによって，児童生徒は，主体的に学習活動を進めることができるという。科学者には研究活動の動機があるが，多くの場合，児童生徒には，それがない。その代わりに，仮説実験授業では，①の問いによって，探究の動機を喚起しようとしたのである。

　ただ，仮説実験授業では，議論で「勝った方」の仮説や推論が「正しいともかぎらない」し，多数決の仮説や推論が正しいわけではないということが強調されていた（板倉，1988，p.62）。授業において，口下手な児童生徒が実験の結果を言い当てることもある。また，仮説を支持する者が一人のみという少数派であっても，その予想が実験の結果と一致することもある。科学の真理は，弁舌の技巧では決まらないし，ましてや，仮説を支持する人数の過多でも決まらない。板倉は，仮説実験授業を通して，児童生徒が「他人の意見を積極的にとり入れながら，しかも他人や多数の人間に支配されずに，自分自身で考え判断する」大切さを学び取ることを期待していた（板倉，2010，p.189）。

　しかし，補足をしておくと，「科学的主張はすべて反証可能性」をもつとはいえ（コリンズ＋エヴァンズ，2022，p.86），板倉は，「実験が間違っているとは言わせない」という（板倉，1990a，p.200）。彼は，「常識や自らの体験」「それ以上の権威」が科学にはあるので，青少年に，「科学の権威をその内実とともに認めさせていくことが必要」と考えていた（板倉・上廻，1977，p.35）。

　揺らぐことがない実験の結果について，根拠乏しく疑義を主張する行為は，

「科学の権威」を軽視する姿勢といえる。あらゆる可能性を想定しながら仮説の立論や議論を行ってもよいが，それは，実験の結果が明らかになるまでの話である。従来，この事実については，あまり関心を払われてこなかったと思われるが[10]，本稿の趣旨からすると，これは重要な論点となる。なぜならば，すでに実証された実験結果への異論は，「証拠に基づくという根本的な原則」を拒否するもので，「確立した知識に対する攻撃」（ニコルズ，2019，p.11/36）になりかねないからである。現状で否定しがたい論拠をもつ科学への攻撃は，知性そのものへの攻撃であるし，その背後にある民主主義への攻撃ともなりうる。「民主主義社会は，あれこれ意見の出る公共空間があり，常に既成の知識に挑戦しようとする傾向がある」（ニコルズ，2019，p.26）。「既成のものなら何でも疑ってかかる傾向」は，「それこそが民主主義社会を『民主的』にしている特徴」ではあるが，だからといって，「あらゆることについてのどんな意見」にも価値があるわけではない（ニコルズ，2019，pp.26-30）。

　例えば，ホロコーストは，「周知の事実であり，なんら証明を必要としない」史実である（武井，2017，pp.138-139）。したがって，それを否定することは，「意見の表明などではなく，虚言」や「妄言に」すぎず，否認論に「『自由な言論』などという看板を掲げさせてはならない」（武井，2017，p.139）。昨今，授業における議論（＝グループワークや話し合い活動など）のなかで，「相手の意見を否定しない」ことが好ましい態度とされることがある。ただ，それは，一つの原則論にすぎない。科学的知見と相反する陰謀論などに対しては，毅然と「相手の意見を否定する」必要がある。それこそが，本稿の文脈にそっていえば，授業の「正解」であり，教師の使命なのである。

❻　一応の結論としての授業の「正解」について

　本稿では，学校教育における授業実践の「正解」について検討した[11]。板倉による科学教育論（＝仮説実験授業）は，"Why Democracies Need Science" における一部の論点を教育実践として具現化したものといえるだろう。欧米圏

の政治学者や哲学者，社会学者らは教育実践の方法論をもたないので，彼らのデモクラシー論のなかに，初等・中等教育における教科学習の見通しが示されることは，ほぼない。他方，具体的な授業を想定する板倉の所論は，よりミクロなレヴェルで授業と民主主義について論じており，貴重な知見である。

　だが，本稿でふれた板倉の科学教育論に対して，何人かの教育関係者は，こう言うかもしれない。「通常の授業よりもテストの平均点が上がるのか」「受験にも通用する授業なのか」……等々。こうした意見に応答するためには，科学に関する次のような視座が参考となるだろう。"Why Democracies Need Science"のなかには，科学には失敗もつきものだが，「間違った天気予報をしても，病気の治療に何度も失敗していても，経済の予測に関してまったく無能であることが分っても」，民主主義を体現する科学に基づいた選択は，「善良」なのだという指摘がある（コリンズ＋エヴァンズ，2022，pp.33/40-41）。

　板倉の科学教育論は，テストや受験対策の授業としては，非効率かもしれない[12]。ただ，受験学力の育成と民主主義の維持と発展の可能性を天秤にかけたとき，どちらを重視すべきなのかは，本稿でも説明をしたとおりである。民主主義の衰退を避けるために，教育関係者は，「異なる視点を提供してくれる教育」，「専門知への敬意」，「現実について的確に語ることができるだけの豊かな言語能力」（スタンリー，2020，p.54）の育成に尽力しなければならない[13]。受験学力は向上したほうがよいかもしれないが，それは，民主主義の崩壊に加担してまで優先されることではない。もちろん，民主主義を意識した取組みの結果，国民全体の知的水準が大幅に低下するというのであればそれは問題である。ただ，テストの点数や偏差値が微減するくらいであれば，気にするまでもない。なぜならば，「全国学力・学習状況調査」の点数の上下よりも，民主主義や科学の価値のほうが尊いというのが，本稿の文脈では，授業の「正解」なのである。

〈注〉
1) 言説の事例として，次のインターネット記事を紹介しておきたい。「なぜ多様な教育？「教育に正解はない」からです おおたとしまさインタビュー（公開日：2019.09.04）」(「GLOBE＋」朝日新聞社) https://globe.asahi.com/article/12680265（2024年3月20日閲覧）
2) 端的には，民主主義とは，「人民すべてが政体を統治し，ゆえに自分たち自身を統治しているような政治形態」を意味する（ブラウン，2017, p.203）。本稿では，民主主義の内実を厳密に定義するよりも，射程を広くとって，民主主義の崩壊という一点に着目して論究を進めている。ただ，「国民の同質性を前提にできない現代の多元的社会」に即した「コンセンサス型の民主主義モデル」（レイプハルト：Arend Lijphart）が現代社会においては，一つの理想と考えられる（権左，2020, pp.231-232）。
3) サンデル（2021, p.142）の著作には，社会心理学の研究成果から，①高学歴者が「人種差別や性差別」は「非難するかもしれないが，低学歴者に対する否定的程度については非を認めようとしない」こと，②自己責任が強調され，高学歴者が低学歴者を嫌う傾向にあること，③こうした評価を低学歴者自身が「共有している」ことが紹介されている。「学歴マウンティング」といった現象，そこから派生する人々の「生きづらさ」について，日本の教育学研究は，十分に寄り添えていないように思われる。
4) ③④についての補足だが，資本主義社会で展開される経済活動は，規制や介入なしに放置しておくと，経済的弱者が必然的に淘汰されていく。分断と格差も進む。例えば，アメリカの保険会社は，「保険を必要とするであろう人に保険を売らない」し，「保険金を負担しない方法」もとる（クルーグマン，2008, p.165）。ただ，それは会社が「邪悪だからでは」なく，経済的格差と共犯関係にある「医療制度の収益構造を考えれば」，それしか選択肢が残されていないからである（クルーグマン，2008, p.166）。これは，典型的な淘汰の事例といえるだろう。現状の企業や社会への馴化は，こうした不平等の再生産に寄与する可能性が高く，授業の最善の「正解」とはいえない。
5) ブラウン（2017, p.205）の言葉を借りれば，当時のドイツでは，大半の「市民が権力，歴史，代表，正義のあり方」を理解してはいなかった。たしかに人種主義やプロパガンダは世論を後押しはしたが，それよりも，個々人には，ナチス政権を支える利己的動機があった。一般市民から官僚まで，その動機は多様だが，例えば，「ユダヤ人の没収不動産や商品が競売にかけられ」「物質的に得をする人びと」がいた（ジェラテリー，2008, p.156）。ゲシュタポへの「密告の洪水は堰を切って，止めるすべがなかった」が，その内実は，息子を家から追い出したいと思った父親の密告，小生意気な弟を嫌った姉からの密告，解雇された従業員による腹いせなど「利己的利用が」「明白な動機だった」（ジェラテリー，2008, p.233）。立身出世の期待や生活の糧を得るために，「ユダヤ人財産の没収，移送列車の時刻

表作成，法律の起草，電報送信，ユダヤ人リストの編集」（ブラウニング，2009，p.238）などを机上で行った官僚も大勢いた。自分自身の自己実現や幸福（happiness）の追求に埋没するなかで，当時の人々は，やがて訪れる破滅を予見することができなくなっていたのである。
6) 映画監督のムーア（Michael Francis Moore）は，2009（平成 21）年に公開されたドキュメンタリー映画，"Capitalism: A Love Story"（邦題：『キャピタリズム』）のなかで，普通選挙について興味深いコメントを残している。彼は，一票を持つ力が結集することで，貧困層の人々や一般市民が，富裕層の人々や政権を担う政治家に対して，「農民一揆」を起こすことができるという趣旨を語る。それは確かに肯定的に評価されるべきだが，同時に，結集した一票の力は，民主主義を崩壊させる選択に手を貸すこともあるだろう。なお，通俗的に，こうした動向はポピュリズムの文脈で語られる。本稿の叙述は，暗にポピュリズムに否定的ではあるが，「民主主義の深化と拡張」（ムフ，2019，p.40）を志向する左派ポピュリズム概念は肯定していることを付記しておく。
7) 科学の重要性を説くと，反射的に，科学の枠組みから取りこぼされる論点についての懸念が表明されることもある。その論点とは，主として，数値化が困難な人間の機微，民衆知や土着の文化であったりした。ただ，2000 年代以降，多くの学問分野で科学の裾野が広がっている。例えば，社会学分野でいえば，当事者研究が代表的な事例だろう。アルビノの当事者である矢吹康夫は，当事者研究（矢吹，2017）によって，日本社会学会奨励賞（第 17 回）を受賞している。また，近年では，脱毛症の当事者である吉村さやかが，当事者研究の成果（吉村，2023）を上梓し，注目を集めた。道半ばながら，かつての時代では科学主義の枠組みから排除されていたであろう研究成果が現在では科学のなかに包摂されつつある。
8) 補足をしておくと，コリンズ＋エヴァンズ（2022，p.100）の立場は，「観察可能なものの領域」についてであり，宗教や霊界のような「観察に関係しない」，あるいは，観察が不可能な領域については，あえて，「何も言わない」という原則を立てている（コリンズ＋エヴァンズ，2022，p.102）。
9) 民主主義と科学の関係を考察する論者は，多くの場合，「すべての問題に対する唯一の健全な答えは，科学や科学的方法のうちに見出されるはずだという狂信的な見解」（コリンズ＋エヴァンズ，2022，p.239）を採用しているわけではない。当然，科学は万能ではないし，専門家も選択を誤ることがある。「我々が専門職の仕事の成果を受けとるということは，完璧ではないものを」，「多少のリスクも一緒に受けとることを意味」する（ニコルズ，2020，p.212）。また，歴史を振り返ると，科学が惨禍を生み出した事例を複数見つけることもできる。ただ，だからといって，我々は，科学を捨てて，「世界の未来についてお茶の葉や動物の内臓で占ったりする人の意見」（コリンズ＋エヴァンズ，2022，p.66）を尊重するようにはならない。惨禍は糾弾されるべき過去に間違いはないが，未来において，薬剤や電子機器の開発が山勘や経験知でなされることがないというのも，また事

実である．
10) 時代背景が異なるので，板倉の構想した科学教育の実践事例がすべて現代でも有効であるとは思わない．ただ，板倉の実験に対する立場は，反知性主義の台頭が懸念されている現代でこそ，その意義が高まっているといえるのではないだろうか．
11) 本稿では，あえて学習指導要領や検定教科書について言及しなかった．なぜならば，これらは数年で改訂されてしまう．時代を経ても変わらずに引き継がれる論点もあるが，わずか数年で消えてしまう論点もある．耐用年数の短いテクストであることから，そこに普遍的な「正解」を模索することはしなかった．
12) もっとも，暗記や表層的な教科学習の理解では解けない入試問題もある．そうした入試問題への取組みを通して，科学を学ぶという回路もありえるだろう．ただ，そもそも，大学に進学しない青少年も一定数いる．進学する場合でも，総合型選抜や推薦入試，内部進学などの場合，全員が従来型の受験そのものに価値を見いだすわけではないだろう．また，少子化の影響で，定員割れを起こしている大学などは，もはや，入学試験が選抜としての機能を果たしていない．さらに，近年の通信制高校やオルタナティブ教育の台頭なども考慮すれば，入試問題への取組みを通して，科学を学ぶというモデルは，一部の青少年のみに有効なものにすぎないのである．
13) 本稿では学校教育の授業を念頭に置いて議論したが，学校教育外のオルタナティブ教育でも同じことが言える．フリースクールやオルタナティブスクールでは，学校教育と同様の教科学習を展開する必要はないが，民主主義の衰退に無関心な市民を育成してはならないだろう．ただ，この手の議論が深められているとは言い難い．

〈引用文献〉（翻訳書は原題と刊行年のみを末尾に示している）
・アルベルト・シュペーア〔品田豊治訳〕（2001）『第三帝国の神殿にて（下）』中央公論新社．（＝"Erinnerungen"：1969）
・クリストファー・R・ブラウニング〔谷喬夫訳〕（2019）『増補 普通の人びと』筑摩書房．（＝"Ordinary Men"：2017）
・シャンタル・ムフ〔山本圭ほか訳〕（2019）『左派ポピュリズム』明石書店．（＝"For a Left Populism"：2019）
・権左武志（2020）『現代民主主義 思想と歴史』講談社．
・ハリー・コリンズ＋ロバート・エヴァンズ〔鈴木俊洋訳〕（2022）『民主主義が科学を必要とする理由』法政大学出版局．（＝"Why Democracies Need Science"：2017）
・ジョン・キーン〔森本醇訳著〕（2013）『デモクラシーの生と死（下）』みすず書房．（＝"The Life and Death of Democracy"：2009）
・ジェイソン・スタンリー〔棚橋志行訳〕（2020）『ファシズムはどこからやってくるか』青土社．（＝"How Propaganda Works"：2018）
・マイケル・サンデル（2021）『実力も運のうち 能力主義は正義か？』早川書房．（＝"The

Tyranny of Merit"：2021）
- ポール・クルーグマン〔三上義一訳〕（2008）『格差はつくられた』早川書房．（＝"The Conscience of a Liberal"：2007）
- Robert J. Thompson Jr.（2022）. Anti-intellectualism to Anti-rationalism to Post-truth Era. New York/London：Lexington Books.
- ロバート・ジェラテリー〔根岸隆夫訳〕（2008）『ヒトラーを支持したドイツ国民』みすず書房．（＝"Backing Hitler"：2001）
- 武井彩佳（2017）『〈和解〉のリアルポリティクス』みすず書房．
- トム・ニコルズ〔高里ひろ訳〕（2019）『専門知は，もういらないのか』みすず書房．（＝"The Death of Expertise"：2017）
- ティモシー・スナイダー〔池田年穂訳〕（2020）『自由なき世界（上）』慶應義塾大学出版会．（＝"The Road to Unfreedom"：2018）
- ウェンディ・ブラウン〔中井亜佐子訳〕（2017）『いかにして民主主義は失われていくのか』みすず書房．（＝"Undoing the Demos"：2015）
- 矢吹康夫（2017）『私がアルビノについて調べ考えて書いた本』生活書院．
- 吉村さやか（2023）『髪をもたない女性たちの生活世界』生活書院．

〈板倉聖宣と仮説実験授業に関するもの〉
- 板倉聖宣（1967）「仮説実験授業のおいたち」『仮説実験授業研究』第 10 号，仮説実験授業研究会，pp.39-56．（私家版・謄写印刷，筆者所蔵）
- 板倉聖宣（1969）「仮説実験授業入門講座」『仮説実験授業研究』第 16 号，仮説実験・授業研究会，pp.1-17．（私家版・謄写印刷，筆者所蔵）
- 板倉聖宣（1977）『科学的とはどういうことか』仮説社．
- 板倉聖宣（1984）『ほるぷ現代教育選集 21 科学と教育のために』ほるぷ出版．
- 板倉聖宣（1988）『仮説実験授業の研究論と組織論』仮説社．
- 板倉聖宣（1989）「主体的人間の形成と仮説実験授業」板倉聖宣・上廻昭・庄司和晃編著『1963-1964 論文集 仮説実験授業の誕生』仮説社，pp.159-188．
- 板倉聖宣（1990a）『科学と教育』仮説実験授業ガリ本図書館・つばさ書房・キリン館．（私家版）
- 板倉聖宣（1990b）『板倉式発想法 主体性論・実践論・組織論』仮説実験授業ガリ本図書館・キリン館．（私家版）
- 板倉聖宣（1992a）『たのしい科学の伝統にたちかえれ（2 刷）』仮説実験授業ガリ本図書館・キリン館．（私家版）
- 板倉聖宣（1992b）「授業の科学性について」『教育目的としてのたのしさ』仮説実験授業ガリ本図書館・キリン館，pp.3-36．（私家版）
- 板倉聖宣（2010）『未来の科学教育』国土社．
- 板倉聖宣（1996）『近現代史の考え方』仮説社．
- 板倉聖宣・上廻昭編著（1977）『仮説実験授業入門』明治図書．

3　子どもの生活と遊びの指導

大東文化大学　**中村（新井）　清二**

❶　「学び」と遊び

　「主体的学び」をめぐる試行錯誤のなかで，遊びが遊び手の主体性を本質とすることに着眼し，「遊びの中に豊かな学びがある」「遊びを通してたしかな学びを」と，「学び」に遊びを生かそうという発想は，今日，より人々に説得的に感じられるかもしれない。遊びは本来自発的に遊ぶから面白いのであって，学びに遊びを首尾よく組み込むことさえできれば，子どもたちに主体的に遊ばれる「学び」になるはずだ，と。

　この方向性自体には一定の賛意を示したいが，実際には「学び」に強く引っ張られて，子どもたちにとってそれほど面白いわけではない「学校くさい遊び」になり，結局は教師の一人相撲で終わってしまう，そんな懸念を覚える。

　「学び」を巧みに遊び化できたとしても，教師の指導によって展開される以上，そこには，遊びを指導するという容易ならざる事態が生じるからである。子どもの遊びを指導するということは，意図的に働きかけてより自発的に活動させようということであり，遂行上の矛盾をはらんでいるのである。遊びを指導するということが，本来的にどういうことなのか考究される必要があろう。

　筆者はこうした問題関心をもつのだが，子どもの遊びは小学校において突然発生するわけではない以上，幼児期と児童期とをつなげてみる発達的視点がどうしても求められる。そこで，幼児期から児童期にかけての子どもの生活を念頭に，遊びが遊びたる要素を考察し，その指導を検討することを本稿の課題としたい。

　幼児教育（保育）における遊びを論じ，展開してきた研究（小川，1996,

2000）によれば，幼児教育と小学校教育の連携を構想するとき，遊びがもつ強い「学習動機」に着目して，幼児期の遊びとの連続性を意識しながら，遊びを小学校に持ち込む必要があると提起している（小川，2000）。その「遊び」については，ホイジンガに依拠して，「遊び手が自ら選んで取り組む活動」（小川，1996，p51）と規定し，「自発性」を本質として把握している。そしてその指導は，自発性を軸にした遊びの援助として把握される。すなわち「保育者が配慮すべきは，幼児の自発性，自己活動をこわさないで，遊びを援助することである」と。ただし，自発性を壊さない援助のあり方を追求するとなれば，働きかけは消極的にならざるを得ず，遊びそのものの指導ではなく環境構成が軸の「見守る」保育がその特徴となる。

　それに対し，遊びを，その端緒において，大人と子どもが面白さを追求して合作するものと把握し，その指導は面白さを追求するようその気にさせることと提起するのが，生活指導研究者の城丸章夫である。城丸の議論は，幼児教育と学校教育を射程にふくみ，学習（幼児は課業）・遊び・仕事の関連およびそれらの指導を展開するものである。

　面白さの追求に遊びの特質をみる把握は，今日，遊びを活動の視点から捉える見解を批判して展開される「遊び心」論との親和性が高い。「遊び心」論とは，ホイジンガやカイヨワの議論の批判的検討のうえに，遊びの特質を態度的要素にもとめるアンリオの論に連なるものである（加用，2013）。

　遊び論の今日性という点から，城丸の遊び論を軸に議論をすすめ，本稿の課題に取り組むことにしたい。なお，城丸における遊びは，仕事と共に，「交わり」概念を軸にして，整理されてきた（浅野，1985／照本，1988／遠藤1985／船越，1990／山本，1987など）。以下では，先行研究の整理に学びつつ，城丸の提起した遊び論を概括することとしたい。

　まず，次節の❷では，城丸における生活と遊びの把握を，❸では，面白さを追求する「あそび」の指導を，❹では，遊び論の進展における城丸理論の意義にふれ，「教育実践の創造」について本稿から言えることを述べたい。

❷ 子どもの生活と遊び

(1) 子どもの生活の初期はそれ自体が遊び

　古く「遊びをせんとやうまれけむ」（『梁塵秘抄』）と詠われていたように，子どもの生活には遊びがあふれていることを考えると，「子どもの生活は遊びである」といってよい。子どもの生活それ自体を遊びとみなしてよいとすれば，遊びを指導することがそのまま生活を指導することだと捉えてもよさそうに思える。

　たしかに，年齢が低いときは生活の指導は遊びの指導とおおむね重なると考えてもよいだろう。どんな遊びをするのか，楽しく遊ぶにはどうしたらよいのかといった指導もあれば，遊びをめぐるトラブルの対処の指導もあり，それらが生活の指導と大きく重なる。しかし，幼児期には，そして学校に通う頃には明確に，集団生活にまつわる必要な仕事（食事や遊びの準備・片付けから，清掃にいたるまで）が子どもたちの前に現れる。子どもの生活には，遊びだけでなく，集団生活の仕事が加わることになる。

　指導の観点からいえば，子どもの年齢が上がるにつれ，生活の指導に対する遊びの指導の重なりは小さくなり，新たに仕事の指導が重なることになる。仕事の指導には，遊びの指導と同様，集団生活の仕事の仕方だけでなく，その仕事をめぐってのトラブル（「○○はやっていない（私だけやっている，ずるい）」「○○のやり方が違う」など）の対処，さらにはトラブルの理由となったことが繰り返されないよう工夫することも求められる。

　このように，子どもの生活には，しだいに遊びに加えて仕事という異なる活動が位置づくことになり，同じメンバーに対して異なる活動を媒介に指導を展開することになる[1]。

(2) 交わり≒人間関係

　「交わり」とは，社交や交際のことを指す概念であり，人間関係という言葉に重なるが，それだけでなく，人間関係に不可分な交際の仕方，人づきあいの仕方といった「交わり方」を含んで提起された概念である。

人間関係と不可分の交わり方とは，家族の中の父や母，きょうだいとのつきあい方，学校の先生との，学校の友達との，そして学校外の友達とのつきあい方といったものを指す。具体的には，個々の関係における，挨拶の仕方，物の貸し借りの仕方，約束の仕方，お願いや提案の仕方，またそれらの断り方などである。人間関係ごとに異なるつきあい方があることをいう概念である。

　交わり方について注意したいのは，それが独立したスキルではなく，あくまで人間関係と不可分にあるという点である。城丸は次のように述べる。

　「『交わり』は『交わり方』＝交わりの技術として現れはするけれども，交わり方を想定しているものは人間と人間との関係のあり方だと考える。たとえば，ボスへの奴隷的従属の関係と，ボスと子分の交わり方とは不可分なものであり，決して交わりの技術だけがひとり歩きしているわけではないのである。」（『幼児のあそびと仕事』p.195）

　交わりは，人間関係を指しつつも，交わり方（交わりの技術）とセットで提起されている概念である。これを踏まえたうえで，交わりと活動について城丸は次のようにいう。

　「子どもは，遊び・仕事・勉強を媒介として，他と交わります。教科外にあっては，特に遊びと仕事が重要です。」（『城丸章夫著作集 第4巻 生活指導と自治活動』，p.24）。

　交わりは，この引用箇所の後半を受けて，仕事や遊び活動との関連で論じられることが多い。ただ，指摘しておきたいのは，勉強（学習）もまた交わりの媒介となると述べられていることであり，ここが見落とされやすい。

　遊び，仕事，勉強（学習）というそれぞれの活動があり，それらを媒介にした交わりがあり，また，遊びをあそぶなかで，集団の仕事をすすめるなかで，学習をすすめるなかで，「つきあい方（交わりの技術）」が現れるということである（山本敏郎，1987を参照）。総じて，これらが「子どもの生活」として把握されるものである。

(3) 遊びと仕事の違い

　子どもの生活において，遊びと仕事は対となって重要視された活動であるが，

この両者の関係は城丸においてどう把握されているのだろうか。

「仕事は遊びから分化してくると考えているひとがありますが、仕事は実際生活の必要から生まれてきますから、あそびから分化してくるものもありますが、あそびと並んで、生活そのものの内容のひとつだと考えるべきであります。」（『地域子ども会』、pp.187-188）

この引用において、「遊び」と「あそび」の二つが使われていることにふれておきたい。城丸は「遊び」と書くときには子どもたちに共有された文化としての側面すなわち「遊び文化」を指すものとして、「あそび」と書くときには身体動作といった行動的側面を指すもとして、二つを使い分けている。その利点は「アソビを指導する」と述べるとき、その文化的側面に注視しているのか、行動的側面に注視しているのか判別を容易にするためである。

さきの引用には仕事が「遊びから分化してくる」あるいは「あそびから分化してくる」という記述が含まれていた。これを「あやとり」を例に言い直せば、前者は「あやとり」という遊び文化から仕事が分化する事態を、後者は「あやとり」というあそび行動から仕事が分化する事態を指す。前者について城丸は否定的で、後者の場合に想定されているのは、あやとりの紐を準備するという仕事である。あやとりであそぶためにはあやとりの紐が「必要」だということである。とはいえ、あやとりの紐が用意できなかった場合、どうしてもあやとりであそぶのでなければならないという抜き差しならない事情がなければ、ほかの遊びであそぶ可能性は高い。そう考えると、その必要性は生活の必要ほど強いわけではない。

城丸は、あそびから生まれる必要は子どもたちには「あそびの一部分」として意識されており、「仕事の芽生え」といえるかもしれないが、仕事そのものとは言えないという（『幼児のあそびと仕事』p.112）。

以上のような用語法に従えば、さきの引用が述べているのは次のとおりとなる。ごっこ遊びの「お店屋さん」（という遊び文化）の延長上に「接客」「在庫管理」「店舗経営」といった概念が必ず分化・成立してくるのではない。あそびが複雑になるにつれ、必要な道具の準備などが生じることがあるが、それは

あくまであそび（あそび行動）の一部であり，仕事には，あそびとは別の仕事ならではの特徴がある。その特徴は，仕事が実際生活の必要から生まれるということである。

　城丸は仕事について次のようにいう。

　「仕事は，実務性と有用性の二つを特質としています。実務性とは，主観的な願望や気まま勝手を許さず，かならず，ものごとの客観的な性質にそって，確実に実行しなければならないという性質のことです。あそびでは許されることも，仕事では許されない。そういう厳格な実行が，仕事では要求されるのです。有用性とは，その行動が，自分以外の人間にとって有用だという性質のことであります。」（『地域子ども会』, pp.187-188）

　つまり，ほかの誰かにとって有用で確実な実行が必要とされる行動が「仕事」であり，それは「あそび」とは区別される。

　このように把握された「仕事」に，これまでに確認した「交わり」を重ねてその指導について述べるならば，次のようになる。すなわち仕事の指導とは，ほかの誰かにとって有用なことを確実に達成できる仕方と，それをめぐって不平不満が出ないような仕方として公平に分担を決める決め方（手順，仕組みの作り方）あるいは異議申し立ての仕方などを追求するよう方向づけること，である。

　このように，遊びと仕事は「子どもの生活」において重要な活動であり，あそび行動から生まれる必要は子どもにとって「仕事の芽生え」となりうるが，根本的に両者は異なる特徴をもち，指導においては区別される必要がある。

❸　面白さを追求する「あそび」の指導

　さきにも述べたとおり，城丸は，遊びを論じるとき，遊び（その文化的側面）とあそび（行動的側面）の二つを使い分けていた。すなわち，遊びとは，「いない，いない，ばあ」から始まり，あやとり，ごっこ遊び，コマ回し，鬼ごっこにいたる文化を指し，「子どもたちは鬼ごっこという遊びであそぶ」のよう

な表記を可能とする用語法である。この用語法は「アソビの指導」の考察の解像度を高めるべく導入されたものであり、指導を軸に考究したというこの点に城丸の「遊び」論の特徴がある。

本節では、遊び（遊び文化）とあそび（あそび行動）という城丸の用語法に従って、遊びの指導についてみていきたい。

(1) 合作としての遊び＝行動を特質とする文化

城丸は、子どものあそびを考えるとき、大人のあそびから類推してはならないという。乳児の場合、身体の運動機能の行使、心理的認知機能の行使という、そのことだけであそぶからである。例えば、「いない、いない、ばあ」は、見えたものが見えなくなり、しばらくすると再び同じものが現れてきたことを認知するというあそびであり、乳児にとって心理機能の働きそれ自体が面白いのだという。あるいは、階段をよちよちと自分で上がったり下がったりするだけで満足をおぼえる。これは運動機能の行使が面白いのだという。

このように、乳児では、あそびと遊びは未分化といってよく、心身機能の行使それ自体が何より面白く感じられるのがその特徴である。そして、この特徴は学童期においても残りつづけることから、大人からみての面白さとは違う面白さを子どもは求めてあそぶのだと捉えておくのがよいという。

ただ、乳児にとっての面白さに文化的要素が皆無かというとそうではない。例えば、「いない、いない、ばあ」でいうと、大人は文化性を帯びたあそびとして子どもに接しているからだ。大人が繰り返す「いない、いない、ばあ」という応答動作を、ほかの動作とは異なるものとして子どもが認知することによって、大人と子どもが共同世界をもちはじめ、しだいに「いない、いない、ばあ」という遊びを子どもの側も期待するようになる。

城丸によれば、乳児期から幼児期にかけての遊びは、「子どもとおとなの合作」（『幼児のあそびと仕事』p.28）だという。合作として生まれた遊びをなかだちとして、子どもは大人との交わりを楽しみ、大人とあそぶのである。そして、本来的に子どもと大人の「合作」である以上、遊びには大人のかかわりや指導が不要だ、などとはいえない。

城丸は，心身機能をあそぶ子どもがある動作を繰り返す大人と交わることで大人と「共同の世界」をもち，互いにそれを期待するようになり，遊びとして合作されることを総括して，「あそびによる交わりというものは行動による交わりであり，遊び文化の特質は行動の文化だということであります」（同上，p.28）と述べる。すなわち，アソビには文化的側面と行動的側面とがあるとさきに述べたが，後者により重みが認められるというのである。

　さらに指摘しておきたいのは，城丸が，あそびによる交わり（あそび行動を媒介とする交わり）を論じるとき，「つきあい」が，強いて言えばただ一緒にいることが，媒介になると述べていることである。

　城丸は次のように述べる。

　「子どもが戸外であそぶようになりますと，あそぶということと，お友だちとつきあいをすることとは，ほとんど同じ意味あいを持ってくるようになります。学校から帰ってきてカバンをほうり出して，『あそんでくるよ』というときには，それは，『友だちと交際をしてくるよ』という意味と同じだといってよいほどです」（『地域子ども会』p.175）

　交際（すなわち交わり）とあそびが「ほとんど同じ意味合い」をもつということは，学習や仕事との大きな違いである。すなわち，あそびを指導することがそのまま子どもたちの人間関係を指導することになりうる事態を言い当てるものである。

　では，城丸において，あそび（あそび行動）の指導とはどのようなものとして把握されるのだろうか。

(2) あそびの指導

　城丸によれば，「あそびの指導とは，面白さをわからせ，その面白さをもっと発展させるように，子どもたちを誘うこと」（『幼児のあそびと仕事』，p.12）だという。ここにあるのは城丸における指導の定義とあそびの特質である。城丸の別の言葉を引けば，「指導は，そそのかすこと，誘いかけること，そして方向づけること」（同上，p.157）であり，「あそびの重大な特質は，何といっても，面白さを追求するということにある」（同上，p.205）という把握だ。

城丸のいう「面白さ」の中身は何だろうか。城丸は次の三つを提示している（同上，pp.17-18）。第一に，「自発的・積極的行動であること」，第二に，「他のひととの間に好意的な交わりが発展すること」，第三に「知的・身体的機能を積極的に行使すること」である。そして，この三つの観点を踏まえ，面白さを追求する指導を次のように把握する。

　自発的であるからこそ面白いのだとする第一の観点からの指導の特徴は，「やる気を起こさせること」である。それは，禁止を少なくすること，そそのかすこと，面白そうだと思わせること，できそうだと思わせること，イメージをふくらませてやることなどで，これらは「やる気をおこさせる基本の道筋」（同上，p.25）だという。加えて，「面白がってみせるという演技能力」も必要だという。「ジャンケンして勝ったら大げさに喜んだり，負けたら，がっかりしてみせたりするようなこと」が指導だという。これは「幼児の自発性，自己活動をこわさないで，遊びを援助する」といった消極的な発想とはかなり異なるといえよう。

　第二の観点でいうと，交わりが好意的なものになるよう，遊び文化の発展の見通しをもって指導することである。遊び文化の発展の見通しとは，「いない，いない，ばあ」を代表とする心身機能の行使から，しだいに「ひとりが走ると他の子も走るという同調にもとづく交わりから発展して，ままごとやお店屋さんごっこのような，共通イメージと形象としてパターン化された行動とを利用しての交わり，鬼ごっこのように，行動上のルールに乗っての交わりというふうに発展して」（同上，p.29）いくというものである。このように行動の文化としての遊び文化と交わりが変化していく見通しをもって，「面白さをわからせ，その面白さをもっと発展させる」（同上，p.12）ことが，第二の観点からみたあそびの指導ということになる。

　あそびの指導にとって，子ども同士の交わりと遊び文化の発展の見通しをもつことが重要とされるのだが，注意したいのは，交わりとあそびが「ほとんど同じ意味合い」をもつ場合，すなわち，あそびを指導することがそのまま子どもたちの人間関係を指導することを意味する場合である。

この場合，実質は人間関係の指導が行われるのだとすれば，人間関係すなわち交わりの発展の見通しも必要になるだろう。城丸の所論のなかでこれにかかわるのは，「人権の尊重を基本とする人間関係」としての「民主的交わり」である（同上，p.195）。すなわち，民主的交わりへの発展の見通しをもつこともまたあそびの指導において重要だといわなければならない[2]。

　あそびの指導にとって，「遊び文化の発展の見通し」とともに，「民主的交わりへの発展の見通し」の二つが重要となる。

　第三の観点として「知的・身体的機能を積極的に行使すること」があげられている。これは，遊び指導における面白さの追求において，偶然に依拠した競い合う遊びへ傾倒することの警鐘である。城丸は，ごっこ遊びを，共通イメージとそのパターン化された行動の模倣をあそぶ遊びとしてとらえ，「模倣遊び」として類別している。また鬼ごっこのような遊びの特徴を競い合うこととしてとらえ，「ゲーム遊び」として類別している。さらに，城丸は，「ゲーム遊び」の内部にすごろくのような「かけごと型ゲーム遊び」という偶然性に依拠した競い合う遊びを位置づける。

　このかけごと型ゲーム遊びについて，城丸は次のように述べている。「偶然性に強く依拠する競争は，勝負を自分の努力の結果としてではなくて，さいころの目の出方というような，力も技も知恵も使う必要のないことで競争している」（同上，p.39）ため，子どもの行動意欲や練習意欲を引きだすのとは逆の方向に作用する危険性があり，注意しなければならない，と。心だけでなく体も大きく変化する時期だからこそ，自ら知恵と力と技を使う喜びのある遊びに誘うことが指導上の要点になるというのである。

　このようにみてくると，この「あそびの指導」論のなかに，城丸流の分類が浮かび上がる点が興味深い。

　遊びの分類としてよく知られているのは，カイヨワによる〈競争：アゴーン〉，〈偶然：アレア〉，〈模倣：ミミクリー〉，〈眩暈：イリンクス〉の4分類である。城丸はカイヨワの分類を意識しているようにみえる。すなわち，第二・第三の観点を述べたなかにあるように，「眩暈」型として「いない，いない，ばあ」

などの心身機能による遊びが,「模倣」型として「模倣遊び」が,「競争」型として「ゲーム遊び」が,また「偶然」型として,ゲーム遊びの一つとしての「かけごと型ゲーム遊び」が,それぞれ類別されているのである。

そうだとすると,なぜ,第二の観点にあるように,分類にとどまらず,機能遊び,模倣遊び,ゲーム遊びという順の遊びの発展論が展開されているのかという疑問が浮かぶ。おそらくその理由は,城丸遊び論の特徴である「指導」の視点から考察されているからであろう。城丸による遊びの発展論は,遊び文化の内在的な発展の論理としてではなく,あくまでも交わりの発展とその指導の観点から把握されているのである。

❹　城丸の遊びの論の特質と課題

(1)「遊び心」研究からみて

ここまで生活指導研究における城丸の遊び論をみてきたが,それが他の研究分野における遊び論とどのような異同があるのか,その遊び論からみて城丸遊び論の意義はどこにあるといえるのか,述べてみたい。

子どものファンタジーや夢,遊びを研究してきた発達心理学者の麻生武は,「遊びって何?」(麻生武,2007)のなかで,「近年,日本では教育関係者や保育関係者を中心に,「遊び」の研究についてある方向性が示唆されつつあるように思われる」という。その方向性とは,行動(活動)において遊びを見ようとするのではなく,生き生きとした意識や心理状態に目を向けて,「それによって遊びか否かが判断される」とする「遊び心」の研究である。この見方に立てば,「遊びは,その主体の意識や心理の揺れ動くままに,遊びに『なったり』『ならなかったり』するもの」ということになる。

この「遊び心」の意義を確認するために,麻生による従来の「遊び」論批判を見てみよう。麻生が批判するのは,グレゴリー・ベイトソンの遊び論である。それによれば,遊びとは双方が「これは遊びだ」というメタメッセージを交わしているがゆえに生じる行動とされる。これは,従来の行動(活動)の視点か

ら遊びを捉えるのとは違い，コミュニケーション過程において分析した点で卓見であるとしながらも，麻生は，そもそも「これは遊びだ」というメタメッセージはどこから生まれるのかと「遊びのルーツ」を問う。すなわち，この嚙みつきは本気ではなく「遊び心」でやっているのだという共通了解は，どこから生まれるのか，と問うのである。麻生がいたる結論はこうだ。

「子ども（幼体）に対する大人（成体）の態度が，『遊び』という態度（精神）のルーツである。子どもを『かわいく』感じ，乱暴な行為や攻撃的な行為を抑制して，子どもとコミュニケーションすることが『遊び』という感覚を生みだしてきたのである」(麻生，2007, pp.91-92)

「これは遊びだ」という感覚，すなわち遊び心の共通了解は，子どもをかわいく感じる大人の態度がルーツだというのである。大人の遊び心がまず最初にあるという麻生の把握は，大人の応答によって子どもが大人との「共同の世界」をもち，遊びが合作されるという城丸の遊び論に重なるものである，と言っては牽強付会に過ぎるだろうか。

麻生が，「遊び心」の研究を早くから切り開いてきた日本の研究者として名前をあげるのは，発達心理学者である加用文男と河崎道夫である。

加用は「遊び」をさまざまな心理状態の境目で成立するある種の揺れとして捉えている（「遊びの心理状態主義」）。「強制と自主性」「本気と非本気」「結果志向と過程志向」「外的目標志向と内的目標志向」，それらの両極の間で心が揺れ動くこと，それが「遊び」なのだと主張する。

その加用とともに，共同して，「保育の指導」のなかの「遊び心」を長年追求してきたのが河崎である。河崎は，近著『あそびが語る保育と発達』において，遊びの面白さの発生のメカニズムを「様式化と脱様式の揺れ動き」にあると提起している。

(2) 城丸遊び論の弱点

河崎の著書，『あそびのひみつ』は「あそび心」を軸に「あそびの指導」を明らかにしようとするものであるが，そのなかで，指導対象たる「あそび」に関する理論的整理を行い，「あそび」を定義するくだりがある。その際に参照

されるのが城丸の「遊び」と「あそび」の区分論である[3]。なお河崎の用いる「あそび」は前節で用いた「アソビ」として了解されたい。

　河崎は、「あそび」を文化財としてみる視点、活動としてみる視点、態度としてみる視点という三つの視点で整理するべく論を進める。前二項は「遊び」と「あそび」を分ける城丸の提起にそったものである。河崎は、それだけでは不十分だとして三番目の「態度」(「あそび心」)を加え、これを「あそび」ならではの特徴とする。

　河崎は城丸の論の何を不十分とし、第三の視点を提起したのだろうか。

　先にも述べたとおり、城丸は行動的側面を重視して、アソビの特質を「面白さを追求する行動」としていた。そして、その「面白さ」の第一の特徴を「自発性」においていた。自発的であるからこそアソビは面白いのだ、と。

　それに対して、河崎は次のように批判する。

　自発性による面白さは、「あそび」だけに限られない。場合によっては仕事や勉強のなかにそれを感じることができる。城丸の面白さへの着目は重要ではあるが、自発性による面白さは「あそび」ならではの特質とはいえない。さらに、「そこで自発性をどうひきだすかとなったとき、それはあそびの指導ではなく活動一般を自発的にさせる指導であり、学習や労働の自発性をひきだすのと同じ問題になってしまう」(p.258)。

　そして、「あそび」の指導のためには、活動一般の自発性とは違う「あそび」ならではの特質が求められるとし、それが「あそび心」であると提起している。その内実はすでにふれたように、心の「揺れ動き」にある。

　河崎は次のように述べる。

　「あそびの直接的指導の基本は、子どものあそび心、つまり一方では達成、成功、拘束へ向かう際の緊張感と、他方では逸脱、失敗、自由をおおらかに受けとめる解放感との揺れ動きそのものをひきだし、子どもたちの間でそれを共鳴させ対立させながら発展させていくことである。」(p.264)。

　河崎は、緊張感と開放感の間を揺れる「あそび心」を引き出し、それを仲間と共鳴・対立させながら発展させることが「あそび」の指導だと主張する。

3　子どもの生活と遊びの指導　109

　このように河崎は城丸を批判して「あそび心」を提起するのだが，あくまでもその批判が向けられているのは，城丸が「面白さ」の第一の特質が「自発性」にとどまる点である。あそびの指導論全体としてみると，城丸と河崎に見逃せない重なりがある。例えば，城丸も河崎もルールのあるあそび（対立を楽しむあそび）を重要視しており，その理由は両者とも民主的主体の形成をそこにみているからである。

　そうだとすれば，このような河崎の主張を踏まえ，城丸のあそびの指導論をさらに発展させる可能性がひらかれる。さきに見たように，あそびは自発的だからこそ面白いのだとする第一の観点から，指導は「やる気を起こさせること」とされていたが，あそびならではの「やる気の起こさせ」方が浮かび上がるのである。

　城丸は，イメージを膨らませてやることや面白がってみせる演技力に言及していた。ここに河崎の提起を重ねれば，仲間との間で共鳴・対立するような緊張と解放の揺れ動きを引き出す方向性で，イメージを膨らませたり大袈裟に喜んだり，がっかりしてみせたりすること，となろう。もちろん，麻生の指摘するように，何よりも大人自身が面白がっていることが前提である。

(3)「教育実践の創造」に向けて

　以上，「子どもの生活と遊びの指導」をテーマにする本稿から「教育実践の創造」に向けて提起しうるのは，次のようなことである。

　まず，幼児期から児童期における子どもの生活には，遊び，仕事，学習（課業）というそれぞれの活動があり，それらを媒介にした交わり（交わり方）がある。これらのなかでも遊び／あそびは交わり（交わり方）と重なりが大きいとされた。

　遊びをあそぶ際の指導にとって重要なのは，「遊び文化の発展の見通し」と「民主的交わりへの発展の見通し」のもとでの，「面白さの追求」である。ただし，遊びならではの面白さの特質は自発性ではなく，仲間と共に揺れ動く「あそび心」にある。仲間との間で共鳴・対立するような，緊張感と開放感の間の揺れ動きそのものを引き出すことが指導にとって重要である。その指導には，

そうした揺れ動きを引き出すべく，イメージを膨らませたり，面白がってみせるという演技などがある。

このような城丸の遊び論の意義は，河崎らの「あそび心」論の展開に寄与したこと。また，河崎らはおもに保育における議論であったが，小学校における「あそび心」の指導論の可能性を開いたことにあるといえよう。

冒頭で，「学び」に遊びを生かそうという試みが散見されるものの，その試みが「学び」に強く引っ張られて「学校くさい遊び」になる懸念について述べたが，この試みについて本稿からいえることは，大人（教師）が面白がって，緊張と開放の間を子どもたちが揺れる学習活動（授業）をつくり，またその揺れ動きを引き出し，仲間との共鳴・対立へとつながるよう，イメージを膨らませ，面白がってみせる指導が重要だということである。

〈注〉
1) このように捉えることは，遊びの指導だけでなく，仕事の指導もあわせて考えることでもあり，二つの指導の共通性いわば指導一般を考えることにつながる。
2) 先行研究では，民主的交わりへの発展の見通しは，学級での自治的活動を経由して発展するという知見はあるものの，あそびのなかでの発展の見通しについては十分に明らかであるとは言えず，ここに交わり概念の研究課題があるといってよい。これにかかわる議論としてあげておきたいのは，竹内常一『新・生活指導の理論』pp.155-158，pp.233-235 にわたる箇所である。
3) 「遊び」と「あそび」のような区分を設けた先行研究が城丸のほかにあったのかと河崎に直接尋ねたことがあるが，ないとのことであった。城丸のあそびの指導論は，「遊び心」研究の進展に，少なくとも河崎の理論的展開に役割を果たしたといえよう。

〈引用文献〉
・麻生武（2007）「遊びって何？」『心理学の世界　発達と教育の心理学』培風館．
・浅野誠（1985）『子どもの発達と生活指導の教育内容論』明治図書．
・遠藤芳信（1985）「学級集団づくりの理論的諸問題」『生活指導』（341）明治図書．
・小川博久（1996）『保育原理 2001（第三版）』同文書院．
・小川博久（2000）『保育援助論』スペース新保育研究室編，生活ジャーナル．
・加用文男（2013）「余暇論の呪縛」『心理科学』第 34 巻 1 号．

- 城丸章夫（1977）「遊びの指導と子どもの発達」『地域子ども会』草土文化.
- 城丸章夫（1981）『幼児のあそびと仕事』草土文化.
- 城丸章夫（1993）『城丸章夫著作集　第 4 巻　生活指導と自治活動』青木書店.
- 河崎道夫（1994）『あそびのひみつ』ひとなる書房.
- 河崎道夫（2022）『あそびが語る保育と発達』かもがわ出版.
- 竹内常一（2016）『新・生活指導の理論』高文研.
- 照本祥敬（1988）「今日の集団組織論の課題と展望」『教育学論集』第 14 巻，大阪市立大学大学院文学研究科.
- 船越勝（1990）「生活指導における「交わり」概念の構造」『生活指導研究』第 7 号，明治図書.
- 山本敏郎（1987）「自治的集団の基本構造」『生活指導研究』第 4 号，明治図書.

4 言語と文化の多様な子どもが 共に生きる学校と授業
―学校全体で引き受けるための4つの視点―

広島大学 **南浦 涼介**

❶ 外国人児童生徒の教育をカリキュラムにひらく

　外国人児童生徒を学校の中でどのように包摂していくかについては，近年は多くの施策が動くようになった。平成28年度版学習指導要領の「総則」において外国人児童生徒への配慮対応が示されるようになった。これに象徴されるように，外国人児童生徒への対応はすでに学校教育の中の一つの重要課題となっており，文部科学省でも受け入れ体制の仕組みが整えられつつある。

　一方で，学校現場や自治体の教育行政の受けとめをみると，その課題自体は共有されているものの，多くは，「日本語指導の体制整備」の問題として捉えられ，必ずしも学校全体の問題として捉えられていないことも多くみられる。たしかに，日本語支援は重要であるし，またその担い手としての日本語指導者の育成はとても重要である。ただ，そこに焦点化することは，ほかにも存在する「学校づくり」の問題や「外部の地域資源への働きかけ」といった問題がすべて「日本語指導者がもつべき資質」として読まれていくことも多くみられる。たしかに，外国人児童生徒をめぐる教育については現場の多くの教員に対応の視点が浸透しているわけではない。そのため，直接的に日本語指導者が教員に意識を促し，よりよい対応を働きかけることを余儀なくされるようなことは十分に考えられる。しかし，それらが直接的な日本語指導教員のもつべき力としてのみ読まれると，一部の力のある教員以外は過多な負担として捉えられかねないし，直接的な日本語指導教員以外はあずかり知らぬものと映ってしまう。

　また，近年外国人児童生徒の教育の問題が新たに浮上するようになった地域においては，歴史的な実践やノウハウの蓄積が多いわけではない。そうしたと

きに，日本語指導者の資質能力として読み取られてしまうと，それを自分たちの場の文脈に落とし込んでいくことがむずかしくなる。

　本稿では，外国人児童生徒をカリキュラムとして学校全体で引き受けていくために，4つのアプローチからなる地図を提供する。そのうえで，その4つのアプローチの具体的な事例を踏まえて示すとともに，それを学校の誰がどのようなことができるのかという点から整理する試みを紹介する。

❷　学校全体で引き受けるための4つのアプローチ

　筆者は，外国人児童生徒を踏まえた教育を，次のような図で提案する（図）。ここには2つの視点を入れ込んでいる。

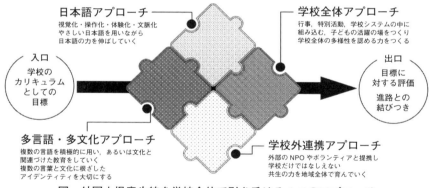

図　外国人児童生徒を学校全体で引き受ける4つのアプローチ

　まず第一に重視しているのは，外国人児童生徒の教育は学校カリキュラムであるという視点である。カリキュラムの入口としての目標と，出口としての評価や進路との結びつきをイメージする[1]。それによって外国人児童生徒をこぼれ落ちの対象として捉え，それを個別に支えるという考え方ではなく，学校のカリキュラムを意識して，ビジョンをもった教育として捉えられるようにこの図では見せている。現在のところ，多くの学校での受けとめは前者であること

が多く，結果的に，目的やビジョンのない支援に陥ることがきわめて多い。それに対する対応である。

　第二に，そうした学校の入口と出口をイメージしたときに生まれる目的やビジョンにどう接近していくかという点で，パズルのピースのように4つのアプローチを示している。それぞれのアプローチは詳述するが，これらはパズルのピースのように学校が考えながら当てはめていくことが求められる[2]。

　以下，その4つのアプローチを事例とともに述べる。

(1) 日本語アプローチ

　日本語アプローチは，基本的には現在，日本語指導というかたちで浸透していることが多い。日本語指導というと日本語の形式的側面を教えていくイメージをもたれがちであるが，実際はそうではなく，豊かな文脈の中で学んでいくことが重要視されてきた。こうした発想から，トピックや教科学習のテーマを前面に出し，それを学び深めていくという豊かな文脈性の中で，体験化や操作化，視覚化といったアクセスしやすい活動を駆使していくことが提起されてきた（例えば，齋藤・池上・近田，2015）。

　こうした例は多くの場合，日本語指導の教室の実践として提案され，なされてきたことが多い。しかしこれは日本語指導者だけのものではなく，これらの発想は本来どの教室にも通じるものである。例えば，広島市立幟町中学校の例をみてみたい。幟町中学校は広島市内の中でも外国人生徒の多い学校であるが，2023年度に行われた公開研究会では，日本語教室のみならず，クラスでの授業も公開した。公開授業の担当となった原田は次のような実践を行っている。

　この実践では，教師はまず導入で三角形の面積が変わらないように頂点Aを動かすにはどうしたらいいかを，ソフトを用いて視覚的に考えさせ，そのうえで課題1，最後に課題2をグループで検討させるようにしていった。こうした流れは，導入で学んだことが生かせる課題1，そして課題2では単純な応用では筋道立てて説明ができないためにさらに考えざるをえないという仕かけがこめられている（課題2においては，△FDCは辺FDを共通した底辺と捉えられるかが重要だが，それが見えにくい）。こうした「定義の確認→定義の応用→さ

4 言語と文化の多様な子どもが共に生きる学校と授業　115

事例1　幟町中学校における数学の実践例

中学校1年生　平面図形
三角形の面積を変えないように，頂点Aを動かしてみてください。そのとき，どのように動かせば三角形の面積が変わらないかを考えてください。
【課題Ⅰ】
右の図の四角形ABCDにおいて，AD//BCである。
ACとBDの交点をEとするとき，図の中において，
次のような三角形を答えなさい。
　　(1)　△ABCと同じ面積の三角形
　　(中略)
【課題Ⅱ】
右の図において，四角形ABCDは平行四辺形で，
EF//BDである。このとき，△EBDと面積の等
しい三角形をすべて答えなさい。

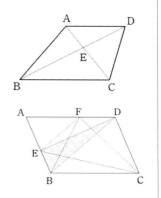

　らに壁にぶつかり応用を余儀なくされる」というかたちで学びの脈絡がつくられている。そのままでは説明することができない問いであるため，子どもたちは共同的にそれを考えていく。それが見つかったときの共同体感覚の中に，クラスの中にいる外国につながりをもつ子どもも入っていた。
　このように，文脈を生む実践，またその中で活動として操作や視覚を重視していくことは，外国人児童生徒が通常のクラスの中で学んでいく際にも手がかりが多くなり，参加のしやすさにつながっていく。こうした実践の発想は，その根本では，通常なされる「よい授業」と同じ流れのうえにあるものであり，その意味で本来教師の授業実践の営みから外国人児童生徒をめぐる教育はかけ離れたものではない。
　一方で，「よい実践」(good practice) ということが外国人児童生徒の言語の側面の部分の伸長の面にまで入り込んでいるかどうかは，なお検討の余地があるかもしれない (Lucas, 2010)。ただ，学校づくりという視点でみれば，だか

らこそいつもの教室と日本語指導の教室が共に動いていることを大切にしたい。直接的な内容が連携されていなくとも，やわらかな連携関係の中で子どもが日本語教室で学んだことと，いつもの教室において文脈のある学びがあることが子どもの中で自然につながっていくことが重要かもしれない。

(2) 多言語・多文化アプローチ

ややもすると子どもたちは，日本語以外の側面をたくさんもっていることに気づかれないことも多い。外国人児童生徒を「日本語指導が必要な子ども」とみるのではなく「言語的文化的に多様な子ども」と呼称することが近年よくみられるようになったが，こうした呼び方にこめられているのは，子どもたちが実は多様な文化と言語をもっていることを積極的に承認していく姿勢である。

> **事例2　幟町中学校の日本語教室（帰国生徒教室）における漢詩の授業例**
>
> さきに例として示した幟町中学校の公開研究会では，さきの数学の授業と並行して日本語教室でも実践を公開していた。そこでは中国語母語の中学生に対して，国語の漢詩の授業を取り出しで行っていた。
>
> 担当の笠井は，示した漢詩（黄鶴楼にて孟浩然の広陵に之くを送る）の白文を見せながら，「中国語で読めますか」と2人の生徒に尋ねつつ，2人の生徒はこれまでに学んだ漢詩の知識，中国語の視点もすべて駆使しながら，日本語としての書き下し文を読み，漢詩の中にある作者の視点や気持ちが表現されている部分を見つけ，その意味を探っていった。また，自分自身が日本に転校した経験を踏まえて「別れの経験」を想起し，漢詩と重ね合わせていった。こうして，国語学習としての方向性を担保しつつ，その豊かな解釈を自分のもつ言語の資源や，それを生みだすためのルーツとなる文化を足がかりにして学びを深めていった。

事例2の実践の場はいわゆる取り出し教室における日本語指導の教室であるが，そうした少人数の場においては，このように多様な言語と文化を織り交ぜた実践のハードルが実は下がるということもある。

子どもの言葉の捉え方はそもそも「日本語力」や「母語力」といったかたち

で分断されたものではなく，双方あるいは第三の言語がかかわりながら伸長していくものと捉えられる。事例2にもみられるように，子どもたちにとっての使える言語をすべて駆使しながら伸ばしていく発想は，日本語の側面だけでは往々に「できなさ」「不十分さ」に焦点が当たりやすくなる。日本語に壁があるとはいえ，けっして子どもたちは考えることや判断することといった認知の面に問題があるわけではない。子どもたちの学力とのかかわりでみると，もとより日本語に過度に依存した学校の授業や評価のありようが，子どもたちの壁をつくっているともいえる。その点ではこうした母語によるアプローチを認めることはとても重要である[3]。

　また，近年，AIを用いた機械翻訳の精度は格段に向上し，かつ1人1台の端末が整備されるようになっているが，こうした環境の整備はバイリンガルアプローチを推進するための大きな力ともなっている。一定程度の母語を用いることができる子どもであれば，個人の端末の中に翻訳のアプリケーションソフトを入れることも重要である。当然教員や周囲の側も持っておくことで，多様な言語でのやりとりを可能にすることもやりやすくなる。こうしたことによって，教員が子どもを見る目が「日本語ができない子ども」（Limited Japanese Proficiency）というつまずきや欠損に基づく捉えから，「（日本語は学習中ではあるが）多様な言語をもった子ども」（Multilingual Learner）という視点に切りかわっていくことにもつながる（Wilner & Mokhtari, 2018）。

(3) 学校全体アプローチ

　学校全体アプローチは，日本語アプローチや多言語・多文化アプローチがおもに「授業」といった場にかかわることであるのに対して，ここで想定されるのは，学校行事や特別活動の中での活動や，あるいは学校全体で進めて行くための仕組みづくりの観点で行われるものを指している。

　例えば，ある中学校では，外国人生徒が日本語教室の中で「ここが変だよ日本の学校」とお互いに出し合いながら，それを文化祭で廊下に掲示して多くの生徒や保護者に見てもらうという企画を試みていた。また，別の小学校では校内放送を行う放送委員に日本語指導を受けている子どもも任命している。それ

によって子どもたちの声が放送にのり、それを見た周囲が子どもの日本語を話す姿を承認していくことがあった（詳しくは南浦ほか，2021参照）。

　また，こうした企画だけではなく，教員が全体で捉えていくための仕組みづくりもまた重要である。さきに例として取り上げた幟町中学校の2つの事例（1と2）は，2023年度の中学校の市内に向けた公開研究会であった。日本語教室に限定せず，みんなのいる学級の授業も公開し，市の中学校の公開研究会として市の研修の仕組みの一環の上にのせることで，教員にとっても研究授業の機会が回り，また日本語指導者だけではない，中学校教員全体（学校外の市内の教員としても）の学びの場となっている。このように，学校全体の教員の連携の仕組み，研修の仕組みの一環にのせていくことで，教師全体が外国人児童生徒を包摂して進めていくことができるようになっている。

（4）学校外連携アプローチ

　学校外連携アプローチは，学校内のみならず，学校外のさまざまな機関との地域連携や広域連携を進めていくことが念頭にある。地域の中にある日本語支援のボランティアとの連携の中で，学校内では十分な時間がとれない言葉や学習指導がなされていることもあるし，また，そうした機会を通して，学校外の大人や少し上の学年や学校種の先輩とつながることで，居場所やロールモデルを得ていくことにもなる。

　こうした学校外の組織は地域に根ざした組織もあれば，近年はより広域に活動を展開するNPO組織も広がっている。オンラインでつながることも後押しされながらそうしたことを利点に，学校の中だけでは取り組むことができない試みも生みだされている（例えば，徳永・角田・海老原，2023）。

❸ 4つのアプローチと関係者の関係を整理するツールと対話

　ここまでで取り上げた4つのアプローチのそれぞれはこれまでも多くの場所で手探りのなかで培われたもので，けっして新しいものではないかもしれない。しかし，冒頭に述べたように，こうしたアプローチを学校のカリキュラムとし

て位置づけていくためには，日本語指導者だけではない学校の構成員の役割として捉え直していく必要がある。

そこで筆者は❷で述べた4つのアプローチの観点を，外国人児童生徒の受け入れをめぐる関係者として，自治体（教育委員会事務局を想定），学校管理職，学級担任，教科担任，日本語指導者を組み合わせたマトリックスを作成し，そこで何ができるか，役割と業務を検討していく表を作成している（表1）[4]。この表を活用しながら，筆者はいくつかの外国人児童生徒教育関係の研修でこのマトリックスを依頼者の自治体指導主事と検討し合いながら，研修の一つの活動タスクとしてマトリックスの中身を検討していくことを時折行っている。

表1　4つのアプローチと学校のステイクホルダーのマトリックス

	日本語アプローチ	多言語・多文化アプローチ	学校全体アプローチ	学校外連携アプローチ
自治体				
管理職				
学級担任				
教科担任				
日本語指導				

例えば，表2はA市教育委員会事務局の指導主事と検討しながら作成したものを本書用に再整理したものである。この表2の中の具体の中身は絶対的なものではない。むしろ，こうした表1が存在することで，学校関係者（教育行政の関係者も含み）が，自分たちがもつリソースと，そこでできることの視点を再確認することができると同時に，自分たちのもつリソースの強みや，不足点を見つける対話を促進させることにつながっていく。実際，この表2は教育委員会事務局の指導主事と大学に属する筆者がスプレッドシートを用いて同時書き込みをすることで生まれている。さらにこれが学校内に持ち込まれていくことで追加や修正が生まれてくる。その点で絶対的なものではないし，重複も多数ある。重要なのはツールを用いて関係者間の対話を発生させ，自治体や学校の状況に合わせて表の中に再配置・最適化させていくことである。

表2　A市教育委員会と南浦との連携の中で協働作成された連携のマトリックス

	日本語アプローチ	多言語・多文化アプローチ
自治体	・転入者が来たときの受付として，やさしい日本語を用いた説明ができるようにしていく	・翻訳機のICTデバイスへの導入などをしやすくする体制を整える ・母語支援者の可能性を大学留学生や地元の国際協会などと連携し，体制をつくる
管理職	・「やさしい日本語」を校内に導入できるようにしていく試み	・学校行事の中に多文化・多言語などの企画を組み込む
学級担任	・やさしい日本語を使った授業 ・視覚化・体験化などを使った脈絡のある授業を展開する ・教室内の席やグループ配置に気をつけ，視野に入りやすくする ・日本語指導者と連携をとる ・子どもの安心ができる場所づくり	・翻訳機を使うことを認め，授業の中で子どもが持てる言語をすべて駆使して授業参加ができるようにする ・母語ができる人同士をグループに入れてやりとりができるようにする
教科担任	・教科と言語を結び付け，言葉の運用や考えることを組み込んだ授業の実施 ・やさしい日本語を使った授業 ・視覚化・体験化などを使った脈絡のある授業を展開する ・教室内の席やグループ配置に気をつけ，視野に入りやすくする ・日本語指導者と連携をとる	・翻訳機を使うことを認め，授業の中で子どもが持てる言語をすべて駆使して授業参加ができるようにする ・母語ができる人同士をグループに入れてやりとりができるようにする
日本語指導者	・児童生徒の実態把握・言語評価 ・読むこと，書くことのリテラシーを伸ばす ・日本語指導の方法を豊かにして子どもにはたらきかける	・オンラインで同じ文化をもつ児童生徒同士の交流 ・大学との連携による留学生による母語による支援

学校全体アプローチ	学校外連携アプローチ
・訪問指導 ・通訳者・支援者の派遣 ・研修会の計画・立案	・国際交流協会・NPO・ボランティア団体との連携 ・初期指導教室連携
・学校だより等の翻訳 ・日本語指導の先生への声かけ，担任等との連携橋渡し ・「公正」とはどういうことかを考え，子どもの学びや成長を評価する ・学校内のカリキュラム・マネジメントサイクルの中に外国人児童生徒の教育を含んで考える。校内研修などで全体の理解を形成する	・保護者と同じ出身の人が地域にいるときに連絡をとり，紹介しつながりをつくる媒介になる ・地域のボランティア組織との連携を図る
・進路・キャリア形成を見据えた指導 ・他教員との連携	・保護者対応・連携
・日本語教育のための教育課程および個別の指導計画を作成し，担任と共有する	・学校外でなされている事柄（スピーチコンテストなどの企画）と連携した日本語指導を行い，真正性を高めた教育をする

本稿では，外国人児童生徒にかかわる教育を，学校全体のカリキュラムとして捉え，その観点から考えていくためにアプローチの具体を紹介しながら，それらを整理していった。

具体的なアプローチの部分では，幟町中学校の事例が4つのアプローチの中でかたちを変えて何度も登場している。これが示すように，個々の取組みそれ自体に価値があるだけではなく，それ以上に，それらが連動しながら学校の中で結びつき，子どもを伸ばしていくところに，学校カリキュラムとして捉えるところにより大きな価値がある。1つの学校事例を何度も登場させたのはその点に価値をおいたためである。

一方で学校においてそうしたことを考えていく歴史の積み重ねは，多くの場ではこれからである。だからこそ，**表1**，**表2**に示したような形のツールによって，自治体や学校の共生をつくる対話の生成は重要だと思っている。

謝辞
事例について許諾をいただきました広島市立幟町中学校の先生方，A市教育委員会事務局の皆様に心からお礼申し上げます。記して感謝の意を表します。

〈注〉
1) このカリキュラムの入口と出口の話は中内敏夫のカリキュラムと評価の関係の議論を参考にしている（中内，1998）。ただしここでいう評価は厳密な到達度をはかり評定をする話ではない。あくまで子どもの現状を見取り，育てたい目標像にどう迫るかという視点をもつことの大切さを述べている。
2) なお，この類型は，古田（2021）のダイバシティの格差是正のアプローチの視点「教科アプローチ」「学校全体アプローチ」「学校外連携アプローチ」を参考にしている。
3) こうしたアプローチは，理論的には文化の面においては多文化主義的なものとの接点が強く，また，言語の面はバイリンガリズムとの接点が強い。イデオロギーとしてはカリキュラムに根ざす政治的な論点として存在している。一方で，学校の中の子どもの成長を見据えた学校のカリキュラムの経営的観点としてみると，それは思想的論点を後景化させ，むしろ権利的観点を前面に出すことになる。
4) 学校のステイクホルダーにはさらに，養護教諭や栄養教諭とのかかわりもあるし，特別支援教育の担当者ともかかわりがある。その点でこの5つの区分は暫定的なものに過ぎない。

〈参考文献〉
- 齋藤ひろみ・池上摩希子・近田由紀子（2015）『外国人児童生徒の学びを創る授業実践―「ことばと教科の力」を育む浜松の取り組み』くろしお出版．
- 德永智子・角田仁・海老原周子（2023）『外国につながる若者とつくる多文化共生の未来―協働によるエンパワメントとアドボカシー』明石書店．
- 中内敏夫（1998）『中内敏夫著作集 1 「教室」をひらく―新・教育原論』藤原書店．
- 古田雄一（2021）『現代アメリカ貧困地域の市民性教育改革―教室・学校・地域の連関の創造』東信堂．
- 南浦涼介・石井英真・三代純平・中川祐治（2021）「実践の可視化と価値の物語化から見る『評価』概念の問い直し―日本語教育実践における実践共同体構築にもとづいて」『教育方法学研究』第 46 巻, pp.85-95.
- 文部科学省（2019）「外国人児童生徒受入れの手引（改訂版）」．
- Lucas, T.（2011）. Language, Schooling, and the Preparation of Teachers for Linguistic Diversity, Lucas, T.（Ed）Teacher Preparation for Linguistically Diverse Classrooms : A Resource for Teacher Educators,（pp.1-15.）New York: Routledge.
- Wilner, L. S. & Mokhtari, K.（2018）. Improving meaningful use of accommodations by multilingual learners. The Reading Teacher, 71（4）, 431-439.

教育方法学の研究動向

1　国際的な教育学研究における日本のレッスン・スタディの意義と課題
　　―「教育方法学研究としての授業研究」の視点から―

2　国内外における新教育研究・実践の展開と教育方法学の課題

1 国際的な教育学研究における日本のレッスン・スタディの意義と課題
──「教育方法学研究としての授業研究」の視点から──

埼玉大学 　北田　佳子

❶ はじめに

　本稿は，日本のレッスン・スタディに関する国内外の議論を整理し，「教育方法学研究としての授業研究」の視点から，国際的な教育学研究における意義と課題を明らかにすることを目的としている。

　日本教育方法学会は，1950年代から60年代にかけて勃興した日本の授業研究運動を背景として1964年に設立され，そこから「教育方法学研究としての授業研究」が確立していく（日本教育方法学会，2009）。それゆえ，レッスン・スタディに着目することは，本学会の創設に重要な意味をもつ「教育方法学研究としての授業研究」を，国際的な文脈において検討するものとなる。

　これまで日本教育方法学会では，2009年出版の『日本の授業研究〈上・下巻〉』の英訳版に相当する *Lesson Study in Japan*（NASEM, 2011）を刊行し，世界における日本のレッスン・スタディに関する理解の促進に大きく貢献してきた。また，2005年第41回大会課題研究「世界における授業研究の新しい挑戦と展望」，2007年第43回大会課題研究「世界における日本の授業研究の意義と課題──校内研修としての授業研究を中心にして」，2014年第50回記念大会国際シンポジウム「教育方法学をデザインし直す──Lesson Study in Japanをめぐって」等，日本のレッスン・スタディを国際的な視座から検討する議論を精力的に重ねてきた。さらに，的場（2005）は，『教育方法34』の「世界における授業研究の動向」と題した論考のなかで，アメリカ，ドイツ，香港，イランにおける日本のレッスン・スタディの展開を紹介し，日本の課題と展望を示している。これらの論考や議論は，本稿にも重要な示唆を与えてくれるものである。

1 国際的な教育学研究における日本のレッスン・スタディの意義と課題　127

　しかしながら，近年，日本のレッスン・スタディはますます速いスピードで諸外国に拡大しているため，できるだけ直近の状況を確認しておく必要がある。さらに，2006年に設立された「世界授業研究学会（World Association of Lesson Studies）」（以下WALS）は，さまざまな国や地域でレッスン・スタディにかかわる研究者や実践者の国際的プラットフォームとしてますます存在感を増している。そのため，WALS年次大会の発表や，WALS発行の『国際授業・学習研究ジャーナル（*International Journal for Lesson and Learning Studies*）』（以下*IJLLS*）の論考等を精査し，これまで国際的な文脈において，日本のレッスン・スタディに関するどのような議論が展開されてきたのかを把握することも重要となる。このような一連の作業を通して，本稿では，国際的な教育学研究における日本のレッスン・スタディの意義と課題を「教育方法学研究としての授業研究」の視点から検討する。

❷　レッスン・スタディの国際的な展開と動向

　近年，レッスン・スタディに関する先行研究のシステマティック・レビューを含む論文がいくつか登場してきており，レッスン・スタディの世界的な伝播の状況や各国での展開の特徴などが明らかになってきている（Fang & Wang, 2021; Fluminhan et al., 2021; Lewis & Lee, 2018; Seleznyov, 2018）。なかでも，Fang & Wang（2021）は，2019年にオランダで開催されたWALS年次大会（以下WALS2019）における約350件の発表すべて（自由研究発表，ポスター発表，シンポジウム，ラウンドテーブル等を含む）の要旨を分析し，まだ論文化されていない研究も含む近年のレッスン・スタディの国際的な展開と動向を整理している点で注目に値する。

　Fang & Wang（2021）によると，WALS2019には，35か国の参加者が発表を行っている（図）。2007年に行われた第1回目のWALS年次大会の参加国は15であったことを踏まえると，レッスン・スタディが急速に世界に広がっていることがわかる（p.63）。発表テーマの教科は13種類と多岐にわたるが，ほぼ半

数の発表は「数学」に焦点化しており（全発表の52％），次に多い教科は「言語（おもに英語）」（17％），そして「体育」（7％），「化学」（5％）となっている（pp.62-63）。さらに，多くの発表（約200件の自由研究発表のうち6割）がレッスン・スタディの理論的枠組みを明示しており，代表的な理論としては，「バリエーション理論（variation theory）」「実践共同体（community of practice）」「ヴィゴツキーの社会文化理論」「社会構成主義」「ショーンの省察的実践家」「教師の専門的資本（teacher professional capital）」が広く援用されているという（p.71）。

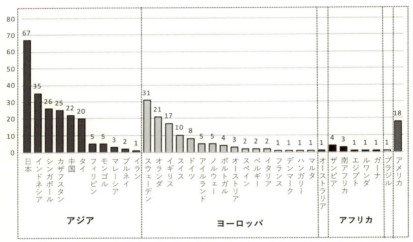

【出典】Fang & Wang (2021), p.63の発表形式別・国別データを合算し筆者作成（単位：件）

図：WALS2019における国別発表件数

このようにレッスン・スタディは，さまざまな国や地域で各ニーズに応じた多様な発展を遂げているため，WALS創設の中心人物の1人である香港教育研究院のLoは，今後は「日本のレッスン・スタディ（JLS）」「イギリスのレッスン・スタディ（UKLS）」と「アメリカのレッスン・スタディ（USLS）」等と呼び分けるほうが適切かもしれないと述べている（Lo，2014）。

❸　日本のレッスン・スタディをめぐる議論

　WALSの学会誌である*IJLLS*では，2012年の創刊から2024年現在の最新号にいたるまで，世界のさまざまな国から投稿された研究論文や論説等，計337編が発表されている。なかでも，編集委員等による「論説（editorial）」は，各号記載の研究論文の意義を教育学研究全体の文脈において批評しており，国際的な議論を把握するための貴重な資料となっている。そのため，本稿では，*IJLLS*の編集委員等による「論説」全27編と，さらに重要と思われる論文を選定・精査し，そのなかで，日本のレッスン・スタディに関してこれまでどのような議論がなされてきたかを検討する。

　選定した論説・論文を精査すると，*IJLLS*の創刊時から，日本のレッスン・スタディに関する同じ指摘が繰り返し登場していることがわかる。それは，日本のレッスン・スタディの基盤となる理論が明示されていないというものである（Elliot, 2012; 2014; Lo & Marton, 2012; Runesson, 2015; Wood, 2018; 2020）。こうした指摘の代表的な論者の1人が，上述のLoである。Loはスウェーデンの研究チームとの協働で，「バリエーション理論」（Marton & Booth, 1997）という学習理論に基づき日本のレッスン・スタディをアレンジした「ラーニング・スタディ（learning study）」を開始した人物である。Loをはじめとするラーニング・スタディの研究チームは，WALSの創設に深くかかわっていたため，*IJLLS*のタイトルには"Lesson and Learning Studies"という表記が採用されている。この2つの名称をあえて併記している背景には，両者の「理論」や「研究」に対するスタンスの違いが関係している。

　Loは，ラーニング・スタディは常に学習理論に基づき実施されるものであり，理論がどの程度実際の授業で機能するか調査することを目的とすると述べている（Lo & Marton, 2012）。そのため，ラーニング・スタディでは，おもにバリエーション理論に基づく授業の設計・実施・観察・評価がなされ，生徒の理解度の効果を検証するために，事前と事後のテストを実施することも多い。

　一方，Loは，日本のレッスン・スタディとラーニング・スタディには多く

の共通点があるとしながらも，日本のレッスン・スタディは教師の職業文化に埋め込まれた暗黙的な理論に基づくものであり，必ずしも明確な学習理論に基づいているわけではないと指摘している（Lo & Marton, 2012）。さらに，*IJLLS*の初代編集長であり，また，1960年代後半から70年代のイギリスにおいて，「研究者としての教師（teacher as researcher）」という考えを生み出した「教育研究としてのアクション・リサーチ」の発展に，Stenhouseとともに携わったElliottは，日本のレッスン・スタディは理論的基盤を明示していないだけでなく，理論を軽視しているようにさえみえることも多いと指摘している（Elliott, 2014）。ここでElliottは，レッスン・スタディとラーニング・スタディの分断を強調したいわけではなく，双方が明確な理論的基盤をもつことで，「研究」としての地位を向上させることをめざしていると述べているが，彼の日本のレッスン・スタディに対するこうした疑問は，*IJLLS*の創刊時から繰り返し出されている。

　このような指摘に対し，Hogan（2015）は，まず，自身もかつて日本のレッスン・スタディに対して，教師が既定のカリキュラムを効果的に教室に「デリバリー」するための装置という印象を抱いていたため，Elliottらが重視する「研究者としての教師」という考え方とは対局にあるように思われるかもしれないと前置きしつつ，次のように述べている。

　Hoganは，その後，レッスン・スタディとラーニング・スタディに関する論考を読み進めるうちに，双方とも暗黙的ではあるが豊かな哲学的意義を内包していることに気づき，自身の見方が変化したと語っている。さらにHoganは，むしろElliottが高く評価しているラーニング・スタディのほうが，理論に傾倒しすぎることで視野が狭くなり，教育思想と実践にもたらす芸術的な可能性を育てるどころか，抑制してしまう研究になる恐れがあると警鐘を鳴らしている（Hogan, 2015）。加えてHoganは，ラーニング・スタディはバリエーション理論に基づく洗練された分析的なアプローチを用いているという点においては，レッスン・スタディよりも「研究」として発展しているようにみえるかもしれないが，「学習の質」を生徒の認知的側面だけに焦点化して検討しており，本来，

「学習の質」に深くかかわっているはずの生徒の自己理解やアイデンティティの変容といった重要な側面が扱われてないことにも疑問を呈している（Hogan, 2015）。

このように，IJLLSで日本のレッスン・スタディの理論的基盤の不明瞭さが議論となっている背景には，そもそも，諸外国における日本のレッスン・スタディについての理解が，おもに英米の研究者たちの手による著書や論文（例えばDudley, 2014; Fernandez & Yoshida, 2004; Lewis, 2002; Stigler & Hiebert, 1999など）に依拠して形成されてきた状況があると考えられる。

❹ 「教育方法学研究としての授業研究」の意義と課題

1960年代前半期の日本では，むしろ諸外国の教授・学習理論や授業分析の方法論を貪欲に吸収しつつ，科学としてまた学問として耐えうる「教育方法学研究としての授業研究」の確立が推進されていた（日本教育方法学会, 2009,〈上巻〉, pp.2-3）。その背景について，日本教育方法学会設立に中心的役割をはたした1人である広島大学の佐藤は次のように述べている。

当時の日本には，「教育学の研究は，教育哲学と教育史に限られ，教育方法学とか教授学といった学問が存在しなかった」ため，教育方法学研究を，「教育の目標と内容と方法を明らかにし，教育の実践に寄与しようとする」（日本教育方法学会, 1995, pp.269-270）研究として確立させることは急務の課題であったという。しかし，こうした日本の当時の状況について英語で紹介した書籍や論考は，Lesson Study in Japan（NASEM, 2011）を除けばほとんどない。そのため，国際的な議論において，日本のレッスン・スタディは，理論的基盤が不明瞭な，単に授業実践を改善しカリキュラムを効果的に「デリバリー」するための装置と捉えられ，批判される傾向にあったものと推測できる。

近年，IJLLSでも，日本の「実践記録」や「板書」の歴史的・理論的意義を英語で発信する論文（Miyamoto, 2024; Tan et al., 2018）が掲載されるようになってきており，こうした世界への発信は今後ますます必要であろう。特に，

1950年代から1960年代にかけて展開した日本の授業研究運動が何をめざしていたのかについては，国際的な教育学研究の文脈において重要な意味をもつものとして，明確に位置づけていく必要がある。

　稲垣（1995）が明らかにしたように，明治期からの長い歴史をもつ授業研究は，国家が定めた教育の目標・内容・方法にそうために定型化する方向と，その硬直性と閉鎖性を打破しようとする脱定型化の試みを繰り返してきた。第二次世界大戦後の日本の授業研究運動は，冷戦下の1958年に学習指導要領の法的拘束力が強化され再び授業研究の定型化が進行する状況に対抗する運動として登場している（日本教育方法学会，2009）。『日本の授業研究』の「刊行のことば」で中野は，「教育内容の国家基準は，時の政府の求める人間像，体制への従属を含んでいる」とし，そのような国家基準に定められた教育内容を問い直す必要性に突き動かされていたのが日本の授業研究運動であり，その意味で「日本の授業研究には，教師の教育者としての，専門職としての倫理が横たわっている。それは，子どもたちと社会に責任をとって，よりよい教育実践の方法を研究する教師と大学の研究者による運動である」（日本教育方法学会，2009，〈上・下巻〉，p.ⅱ）と述べている。こうした日本の「教育方法学研究としての授業研究」の思想は，日本のレッスン・スタディの重要な基盤を形づくるものとして，諸外国に対しても積極的に発信し，国際的な教育学研究の文脈において重要な意味をもつものとして明確に位置づけていく必要があろう。

❺　おわりに

　以上を踏まえ，今後の課題として次の三点をあげておきたい。
　第一に，かつて「教育方法学研究としての授業研究」を科学的・学問的に耐えうる研究として確立させていく動きのなかで，「授業を固有の理論研究の対象とし，経験科学の方法でその過程の法則的な理解や技術原理の一般化を求める」（佐藤1992，p.65）授業研究が，ある種の定型化を生み出してきた側面があったことを忘れてはならない。

第二に，片上が指摘するように，1960年代に確立した「教育方法学研究としての授業研究」は，一斉授業を想定しているものであることにも留意しなければならない。今後，ICT導入に象徴されるような個別化・多様化した授業の研究のためには，これまでの授業研究の前提や手法や目的そのものについても，見直しが迫られる（日本教育方法学会，2009，〈上巻〉，pp.99-100）。

　第三に，日本のレッスン・スタディは，教授や学習の理論枠組みにとどまる研究なのかという点も，議論していく必要があろう。日本の授業研究運動の原動力にあった，国家が求める人間像や国家基準の教育内容に対する問い直しは，単なる教授や学習理論の枠組を超えて，「批判的教育学（critical pedagogy）」（Apple, 2009参照）あるいは「教育における社会正義（social justice in education）」（Ayers et al, 2008参照）といった思想や概念と多くの共通点をもつように思える。近年，国際的な教育学研究において「批判的教育学」や「教育における社会正義」の議論はますます活発化している。しかし，残念ながらそうした議論のなかでレッスン・スタディが登場することはほとんどない。今後は，こうした教授や学習の理論枠組みを超えた教育学研究との接点も，積極的に見いだしていく必要があろう。

〈引用文献〉
- Apple, et al.（Eds.）（2009）. *The Routledge international handbook of critical education*. Taylor & Francis.
- Ayers, W. et al.（Eds.）（2008）. *Handbook of Social Justice in Education*. Routledge.
- Dudley, P.（2014）. *Lesson Study: Professional learning for our time*. Routledge.
- Elliott, J.（2012）. "Developing a science of teaching through lesson study", *IJLLS, 1*（2）, pp.108-125.
- Elliott, J.（2014）. "Learning Study and its various forms", *IJLLS, 3*（1）, https://doi.org/10.1108/IJLLS-11-2013-0057（2024年3月10日最終アクセス）
- Fang, Y. & Wang, H.（2021）. "Trends of and implications for the diffusion of lesson study", *IJLLS, 10*（1）, pp. 61-74.
- Fernandez, C. & Yoshida, M.（2004）. *Lesson study: A Japanese approach to improving mathematics teaching and learning. Routledge*.
- Fuminhan, et al.（2021）. "Insights towards cultural aspects and related impacts of Lesson

- Study practices", *Educação em revista, 10*, pp.1-25.
- Hogan, P. (2015). "Lesson study east and west", *IJLLS, 4*(2), https://doi.org/10.1108/IJLLS-01-2015-0004(2024年4月3日最終アクセス）
- 稲垣忠彦（1995）『授業研究の歩み1960－1995年』評論社.
- Lewis, C. (2002). *Lesson study: A handbook of teacher-led instructional change*. Research for Better Schools, Inc.
- Lewis, C. & Lee, C. (2018). "The global spread of lesson study", M. Akiba. & G. K. LeTendre (Eds.), *Handbook of teacher quality and policy*, Routledge, pp.185-203.
- Lo, M.L. (2014). "Revealing the critical aspects of lesson and learning studies", *IJLLS, 3*(2), https://doi.org/10.1108/IJLLS-04-2014-0008（2024年3月25日最終アクセス）
- Lo, M.L. & Marton, F. (2012). "Towards a science of the art of teaching: Using variation theory as a guiding principle of pedagogical design", *IJLLS, 1*(1), pp. 7-22.
- Marton, F.& Booth, S. (1997). *Learning and Awareness*. Routledge.
- 的場正美（2005）「世界における授業研究の動向」日本教育方法学会編『教育方法34 現代の教育課程改革と授業論の探究』図書文化, pp.135-145.
- Miyamoto, Y. (2024). The authorship of teachers: jissen kiroku as the core of professionalism in Japanese jugyo kenkyu, *IJLLS, 13*(1), pp. 1-13.
- NASEM〔National Association for the Study of Educational Methods〕(Ed.) (2011) *Lesson Study in Japan*, 渓水社.
- 日本教育方法学会（編）(1995)『教育方法24 戦後教育方法研究を問い直す』明治図書.
- 日本教育方法学会（編）(2009)『日本の授業研究〈上・下巻〉』学文社.
- Runesson, U. (2015). "Pedagogical and learning theories and the improvement and development of lesson and learning studies", *IJLLS, 4*(3), pp.186-193.
- 佐藤学（1992）「『パンドラの箱』を開く＝『授業研究』批評」森田尚人他（編）『教育学年報1 教育学研究の現在』世織書房, pp.63-88.
- Seleznyov, S. (2018). "Lesson study: an exploration of its translation beyond Japan", *IJLLS, 7*(3), pp. 217-229.
- Stigler, J. W. & Hiebert, J. (1999). *The teaching gap*. Free Press.
- Tan, S., Fukaya, K. & Nozaki, S. (2018). "Development of bansho (board writing) analysis as a research method to improve observation and analysis of instruction in lesson study", *IJLLS, 7*(3), pp. 230-247.
- Wood, K. (2018). "On the theorization of lesson study and learning study", *IJLLS, 7*(3), pp. 166-171.
- Wood, K. (2020). "The path of teachers' learning through lesson and learning studies", *IJLLS, 9*(2), pp. 93-99.

2　国内外における新教育研究・実践の展開と教育方法学の課題

横浜国立大学　**橘髙　佳恵**

　本稿は，新教育（new education）の研究と実践がどのように展開し，そこにどのような課題があるのかをみてゆくものである。新教育の誕生の経緯を確認したうえで，特に近年の動向に目を向けて，公教育の未来への手がかりを探りたい。なお新教育は，アメリカやイギリスでは進歩主義教育（progressive education）とも呼ばれており，検討の対象に含めている。

❶　新教育の誕生

　新教育が誕生したのは，20世紀転換期のことである。19世紀の後半，近代学校の制度化と一斉授業の定型化が進むなか，その画一性と硬直性に対する批判も大きくなってゆく。そして19世紀末から20世紀初頭にかけて，「教師や教科書中心の『旧教育』に対して，子ども中心の『新教育』を掲げる新教育運動」（上野，2022，p.14）が世界的に展開することとなった。ジャン・ジャック・ルソー（1712-1778），ヨハン・ハインリヒ・ペスタロッチ（1746-1827），フリードリヒ・フレーベル（1782-1852）らの思想を継承し，「子どもの個性，自由，興味，自然な発達を重視する『新教育』」（p.24）の理論と実践が，ヨーロッパ，アメリカ，日本などで展開するとともに，新教育の国際的なネットワーク（New Education Fellowship, 1921-）も形成された。

　新教育は広い概念であり，新教育と呼ばれる理論や実践のなかにも相異なるヴィジョンや原理が見いだされる。そのなかで，最もラディカルな系譜の一つの要をなしたのが，ジョン・デューイ（1859-1952）がシカゴ大学に創設した附属小学校（通称「デューイ・スクール」，1896-1903）である。デューイの構

想は，学校を知性的で専心的な学びが交流され共有される共同体として再組織し，学校とその学びのネットワークに集う人々が「協同的な生き方」としての民主主義を生きることにより，民主主義の社会を展望するというものであった[1]。デューイ・スクールに象徴される「子ども中心主義」の系譜は，その急進性から常に少数派にとどまったものの，近代学校を支配する「効率性原理」に抵抗し，20世紀を通して平等で民主的な公教育を追求し続けた[2]。

20世紀転換期における日本の新教育の展開は，大正新教育ないし大正自由教育として知られている。私立学校や師範学校の附属小学校を拠点として展開した種々の実践とその理論について，海外からの思想的影響も含めて研究が重ねられてきた[3]。第二次世界大戦後には，戦後新教育の展開がみられた。アメリカの理論的影響のもと，大正新教育の伝統も受け継ぎながら，全国の多くの学校で新たな教育の創造が試みられた。ラウトレッジ社のシリーズProgressive Education: Policy, Politics and Practiceの1冊目は，日本の戦前・戦後の新教育を紹介する書籍であり（Yamasaki & Kuno, 2017），シリーズの編者により，一般にきわめて伝統的な国と考えられている日本にも進歩主義の試みがあることを示し，日本についての新たな理解をもたらすものと評されている（Burke & Martin, 2017）。

❷ 新教育の現在

（1） 新教育の「取り込み」

ある教育哲学辞典（*The Blackwell Guide to the Philosophy of Education*）の「進歩主義」の項目は，引用を含めつつ次のように述べる（Darling & Nordenbo, 2003）。いまや進歩主義は，ある意味では「正統派」の地位を占めており，「子どもの自然を考慮すること，学習者中心であるようにすること，授業を子どもの『自然な』動機に合わせること，子どもの成長と創造性を促すこと」などは，「教育に関してほぼ皆に受け入れられた共通知識」となっている（p.305）。しかしこの「新しい『進歩主義』」と「伝統的な進歩主義」は，ある点で決定的

に異なっている（p.305）。「新しい『進歩主義』」は，実は「人々を仕事に向けて『効率的に』準備するという動因」のもとにある（Blake, Smith, & Standish, 1998, p.43）。伝統的な進歩主義が，学校に個人の教育を通した社会の「民主化」を託したのに対し，「新しい『進歩主義』」は，「社会のニーズ」に合わせ，個人を「経済システムの効率的な道具」にしようとしている（Darling & Nordenbo, 2003, p.306）。

近年，新教育の考え方が教育界そして社会に広く共有されるようになったかのようにみえる。しかしそれは，新教育の外見をまとった経済的効率性の追求であり，本来の新教育ではないという指摘である。

教育史家のロイ・ロウ（Roy Lowe）によれば，この「進歩主義の取り込み（expropriation）」（Lowe, 2007, p.94）という事態は，サッチャー政権下（1979-1990）のイギリスにおいてすでにみられはじめていた。「子ども中心」の「進歩主義の思想」が（p.93），政府の職業準備教育等に援用されるなか，進歩主義教育は「その教育的および社会的目的」（p.94）を狭められ，「保守的教育」（Centre for Contemporary Cultural Studies, quoted in Lowe, 2007, p.94）に変質したという。

アメリカの進歩主義教育者デボラ・マイヤー（Deborah Meier）も，「進歩主義の思想とオープン・エデュケーションの言語の取り込み（cooptation）」（Meier, 2017, p.154）という表現で，この事態に言及している。公立学校を再生するための思想と言語は，1990年代以降の市場志向の改革のなかで，公立学校の民営化を推進する言説のうちに取り込まれ，ゆがめられてしまった。マイヤーは，彼女が「学校に民主的な文化を創造するため」（p.150）に重要視した小さな学校・自律性・選択というアイデアが，どのようにそのヴィジョンを取り去られ，市場志向の意味を付されたかを記している。

(2) 学校の擁護

新教育の取り込みという事態が拡大するなか，新教育はどのような対応をとりうるのだろうか。上記辞典の「進歩主義」の項目の論は，学校制度の解体に向かう。「公的制度としての学校は，社会の支配的な影響にあまりにも妥協し

てしまったため，もはや道徳的にも政治的にも正当化できず，公的制度としては消えゆくべきである」（Darling & Nordenbo, 2003, p.306）。さらには，そもそも「子どもの個性」の重視はいかなる「教育的パターナリズム」とも相容れず，したがって，進歩主義の論理の徹底は「教育的企図そのものの拒否」にゆきつくという（pp.307-308）。

　しかし，デューイの「公共圏の政治学」（佐藤，2012）に依るならば，学校を失うことはできない。「公共性の衰退」を，「『公共圏』を構成する『コミュニケーション』と『共同体』の衰退であり，『公共圏』を中心舞台として培養される『民主主義』の危機」として受けとめたデューイの論である（p.87）。

　佐藤（2012）によれば，デューイの公共圏の政治学において，公共圏の成立基盤は共同体に求められた。デューイにおいて，共同体とは「『共通のもの＝公共的なもの』を共有し『コミュニケーション』で結合された人の絆」であり，公共圏とは「その『コミュニケーション』の空間」である（p.104）[4]。そして「この公共圏の構成と組織，すなわち『コミュニケーション』による『共同体』の組織において重視されたのが教育である。教育こそが人間の『社会的知性』と『想像力』の成長を促し，一人ひとりの『個性』を他者の『個性』と並行して形成して，人々を『民主的公衆』へと発達させるからである」（p.104）。そうした民主主義の教育が，協同的な生き方として営まれうるのが，共同体としての学校である。

　学校は，共同体へと再組織される必要がある。しかし学校を手放すならば，社会は，公共圏を成立させる具体的な基盤そのものを失うことになる。

　学校とその周辺を，「学びの共同体」として再組織する試みは，上記Progressive Educationシリーズの2冊目となる書籍にも複数収録されている（Ranson, 2018）。著者のスチュアート・ランソン（Stewart Ranson）は，デューイやハンナ・アレント（1906-1975）をはじめとする多数の論者に基づいて，「社会民主主義の公共圏」（p. xii）の再生の基盤を学びの共同体に求める。そして学びの共同体の創造のために，「世界をつくり変えてゆく実践」としての「市民性」を重要視する（p.72）。

新教育は，民主主義の理念とともにある。個人が国家に回収されることなく，社会が個々人に還元されることもなく，一人一人が主人公（protagonist）として多様な他者とともに生きる民主主義は，その最も身近な基盤として，学校という共同体とその公共圏を必要としている。

(3) 日本における「学びの共同体」

新教育の最もラディカルな伝統は，現代の日本に生きている。佐藤学の提唱した「学びの共同体」の学校改革である。2023年の時点で，国内に約3000校のネットワークが形成されており，2000年以降は海外へも普及している（佐藤，2023b）。アメリカのオープン・エデュケーションと，その前身である20世紀転換期の進歩主義教育の子ども中心主義の系譜を継承し，きわめて広範な理論的基盤のもとに発展させている。

学びの共同体の特徴は，学校改革のヴィジョンであり哲学だということである。そのヴィジョンは，「学びの共同体の学校は，子どもたちが学び育ち合う学校であり，教師たちも教育の専門家として学び育ち合う学校であり，さらに保護者や市民も学校の改革に協力し参加して学び育ち合う学校である」（佐藤，2023b, p.20）と定義される。学びの共同体の学校は，このヴィジョンに導かれ，公共性の哲学と民主主義の哲学と卓越性の哲学という三つの哲学のもと，「『一人残らず子どもの学ぶ権利を実現し，その学びの質を高めること』と『民主主義の社会を準備すること』」（p.20）という学校の公共的使命を遂行している。

学びの共同体の学校改革において，大きな論点の一つとなっているのが，真正の学び（authentic learning）の追求である。佐藤は，真正性をめぐる多様な議論を踏まえ，真正の学びが成立する要件として「①教科の本質を探究する学びであること，②学習者の内面の真実に忠実な学びであること，③学びの内容と方法が現実的な文脈を構成していること」（佐藤，2023a, p.119）という三点を示す。

教科の本質は，例えば文学の学びにおいてはテクストとの対話を中心とする個性的で多様な読みの構築として，社会科においては資料とデータによる思考と探究として，理科においては観察と実験に基づく説明モデルの構築として追

求される（佐藤, 2023a, pp.119-121）。学びの共同体の授業の記録が，教師やスーパバイザー（外部助言者）によって公刊されており，教室に生成する真正の学びの様相をいきいきと伝えている[5]。

❸ 新教育の未来へ

(1) レッジョ・エミリアの教育

　2021年，ユネスコから「教育の未来」についてのリポートが公開された（International Commission on the Futures of Education, 2021）。「平和で公正で持続可能な未来」(p.1) を，世界の人々がともに構築してゆくために，「教育の新たな社会契約」の構想を示したものである。この構想を支えるのは，「権利としての教育」[6] と「共通善としての教育」という二つの原理であり (p.2)，そのなかで，「協力と連帯の教育学」(Chap.3) が展望されている。

　この新たな教育学が夢物語ではないことを，レッジョ・エミリア（Reggio Emilia）の教育が伝えている。北イタリアのレッジョ・エミリア市において，地域の歴史と文化に息づく「連帯と協力の市民同盟」(Edwards, Gandini, & Forman, 2012, p.8) の伝統のうえに，ヨーロッパとアメリカの進歩主義教育の伝統に基づいて構築されてきた「子どものケアと教育の公的システム」(p.5) である[7]。

　レッジョ・エミリアの教育は，1990年代に世界的に知られるようになるのだが，当初アメリカや日本では，芸術の英才教育として認識される傾向にあったという（佐藤, 2020）。しかし近年，公教育としてのレッジョに光が当たるとともに（浅井, 2020），その思想と実践に触発されたレッジョ・インスピレーションのネットワークが日本にも広がりをみせている（秋田, 2018）。

(2)「豊かな子ども」

　レッジョ・エミリアの教育は，乳幼児施設を拠点として展開してきた。しかしその触発は，広く教育全体に及ぶ。レッジョは政治的実践，すなわち「『ディスコース（語り）』が生成する『権力関係』を対抗的な語りで編みなおす実践」（佐藤, 2020, p.24）であり，子どもをめぐる支配的な語りの正当性を問い，新

たな魅力的な語りを生成しているからである。

その象徴が,「豊かな子ども（rich child）」という子どものイメージである[8]。レッジョの思想と実践を率いたローリス・マラグッツィ（Loris Malaguzzi, 1920-1994）の語りから，その意味を探りたい。

マラグッツィは，子どもについての「明確な公的宣言」（Cagliari et al., 2016, p.375）が必要であると言う。「すべての子どもは豊かな子どもであり」，大人が思うよりも「はるかに素養があり，才能があり，強く，知性的」である（p.397）。ここに宣言されているのは，誕生の瞬間から「交流」（p.374）のなかにある子どものイメージであり，「自己充足的な子ども」（p.404）とは異なる。子どもは常に「大人や文化や環境やモノ」（p.374）との交流のなかにあり，「社会的交流と相互依存をとおした自己と知識の構築」（p.377）を遂行している。

ところが，社会は子どもを「貧しい（poor）」と言う。「貧しい子ども」は統制可能であり，社会は彼らを思うままに配置したり意味づけたりすることができ，「社会は彼らに未来も法さえも負わない」（Cagliari et al., 2016, p.376）。この支配的な語りを覆すには，「強力な政治的文化的コミットメント」（p.377）が必要である。レッジョの市民は，豊かな子どものイメージを市政も含めて共有し，子どもの尊厳を認め，その尊厳にふさわしい幼児教育の公的システムを構築してきた。

公教育の再生と復権のためには，豊かな子どものイメージを，教育界そして社会が共有することが必要なのだろう。現在，日本では子ども政策の総合化が進められているが，その検討を行った浅井（2022）は,「教育と学びの観点の不在と福祉への傾倒」（p.29）を指摘している。子どもの最善の利益を考慮する福祉ベースのアプローチは，重要であり必要である。ただし福祉への傾倒は，子どもを「保護と救済を必要としている存在」として認識し，「子どもは何を欠いているかという欠損モデル」でみてしまう（p.29）。それに対置されるのが，レッジョに象徴される「権利ベースのアプローチ」である。それは，子どもを「大人とともに世界の意味と文化を構築する存在，今，ここの市民として位置づける視点」（p.29）をもたらす。子どもはすでに考えており，その考えを表

現しており，世界の構築に携わっている市民であるという認識のうちに，豊かな子どものイメージが生成する。そしてここに，豊かな子どもにふさわしい教育とは何かを社会が問い，その実現を，社会の責任として追求しはじめる契機がある。

❹ おわりに

　本稿では，新教育の研究と実践の展開を，その最もラディカルな系譜に即して記してきた。民主主義の理念に導かれ，共同体としての学校とその学びのネットワークにおいて多様な人々の個性と文化が響き合う公共圏を追求する伝統が，いまに続いている。

　浮かび上がるのは，豊かな子どもという子どものイメージを，社会が生成し共有してゆく必要性である。子どもと大人が共に世界の意味と価値と文化を探究し，構築してゆく公共圏として，学校は存在しうる。

　子どもは，「世界に最も鋭敏に耳を澄ましている存在」である（Rinaldi, 2012, p. 237）。世界に耳を澄ます子どもの考えに，大人が耳を澄ましたなら，何が聞こえてくるだろうか。子どもに出会い，子どもと共に世界に出会うことの幸せを大人が発見し，子どもと大人のかかわりが編み直されてゆく先に，社会の未来があるのだろう。

〈注〉
1）詳しくは，上野（2022）を参照。
2）イギリスのインフォーマル・エデュケーションや，アメリカのオープン・エデュケーションなど。後者については，橘髙（2023）を参照。
3）近年の書籍としては，橋本・田中（2015），橋本（2018），橋本・田中（2021）など。
4）より詳しく言えば，公共圏とは「『コミュニケーション』によって『共通のもの＝公共のもの』の価値や福利を構成し，それを『分かち合う活動（sharing activity）』が遂行される空間」である（佐藤，2012, p.104）。
5）近年の書籍としては，石井（2023），脇坂・佐藤（2023）など。
6）より詳しく言えば，「良質の教育への権利を生涯にわたり保障すること」である

（International Commission on the Futures of Education, 2021, p.2）。
7) レッジョを支える「知性的な伝統」として，さらにピアジェとヴィゴツキーの心理学，戦後イタリアの左翼の改革政治，ヨーロッパのポストモダンの哲学があげられている（Edwards, Gandini, & Forman, 2012, p.8）。
8) 本項において，レッジョの諸側面のなかでも豊かな子どものイメージに光を当てることについては，永島孝嗣氏との議論により示唆を得た。ここに記して感謝申し上げる。

〈参考文献〉
- 秋田喜代美（2018）「なぜいま，あらためてレッジョ・エミリアか」『発達』第 156 号，pp.2-7.
- 浅井幸子（2020）「保育の新たな物語りへ」『発達』第 162 号，pp.2-7.
- 浅井幸子（2022）「子どもの権利を基軸とした子ども政策の総合化」『学術の動向』第 27 巻第 6 号，pp.26-29.
- Blake, Nigel, Smith, Richard, & Standish, Paul. (1998). *The University We Need*. Routledge.
- Burke, Cathy, & Martin, Jane. (2017). "Series Editors." In Yoko Yamasaki & Hiroyuki Kuno (eds.), *Educational Progressivism, Cultural Encounters and Reform in Japan* (pp. xi-xii). Routledge.
- Cagliari, Paola, Castagnetti, Marina, Giudici, Claudia, Rinaldi, Carlina, Vecchi, Vea, & Moss, Peter. (2016). *Loris Malaguzzi and the Schools of Reggio Emilia*. Routledge.
- Darling, John, & Nordenbo, Sven Erik. (2003). "Progressivism." In Nigel Blake, Paul Smeyers, Richard Smith, & Paul Standish (eds.), *The Blackwell Guide to the Philosophy of Education* (pp.288-308). Blackwell Publishing.
- Edwards, Carolyn, Gandini, Lella, & Forman, George. (2012). "Introduction." In Carolyn Edwards, Lella Gandini, & George Forman (eds.), *The Hundred Languages of Children* (3rd ed.) (pp.5-26). Praeger.
- 橋本美保（編）（2018）『大正新教育の受容史』東信堂．
- 橋本美保・田中智志（編）（2015）『大正新教育の思想』東信堂．
- 橋本美保・田中智志（編）（2021）『大正新教育の実践』東信堂．
- International Commission on the Futures of Education. (2021). *Reimagining Our Futures Together: A New Social Contract for Education*. UNESCO. https://unesdoc.unesco.org/ark:/48223/pf0000379707/PDF/379707eng.pdf.multi
- 石井順治（2023）『「学び合う学び」を生きる』ぎょうせい．
- 橘髙佳恵（2023）『オープン・エデュケーションの本流』東信堂．
- Lowe, Roy. (2007). *The Death of Progressive Education*. Routledge.（ロイ・ロウ著，山

﨑洋子・添田春雄監訳（2013）『進歩主義教育の終焉』知泉書院）※本書からの引用は，本稿の表現の一貫性を保つため，一部新たに訳出した。
- Meier, Deborah.（2017）. "What Happens to Democratic Education Deferred?" In Deborah Meier & Emily Gasoi, *These Schools Belong to You and Me*（pp.137-161）. Beacon Press.
- Ranson, Stewart.（2018）. *Education and Democratic Participation*. Routledge.
- Rinaldi, Carlina.（2012）. "The Pedagogy of Listening." In Carolyn Edwards, Lella Gandini, & George Forman（eds.）, *The Hundred Languages of Children*（3rd ed.）（pp.233-246）. Praeger.
- 佐藤学（2012）「公共圏の政治学」『学校改革の哲学』（pp.85-118）東京大学出版会.
- 佐藤学（2020）「レッジョ・エミリアの教育とピーター・モス教授に学ぶ教育学の新しい物語り」『発達』第162号, pp.21-25.
- 佐藤学（2023a）『教室と学校の未来へ』小学館.
- 佐藤学（2023b）『新版　学校を改革する』岩波書店.
- 上野正道（2022）『ジョン・デューイ』岩波書店.
- 脇坂圭悟・佐藤学（2023）『主権者を育てる社会科の授業』人言洞.
- Yamasaki, Yoko, & Kuno, Hiroyuki.（Eds.）.（2017）. *Educational Progressivism, Cultural Encounters and Reform in Japan*. Routledge.

日本教育方法学会会則

第1章　総　則

第1条　本会は日本教育方法学会という。
第2条　本会は教育方法（教育内容を含む）全般にわたる研究の発達と普及をはかり，相互の連絡と協力を促進することを目的とする。
第3条　本会に事務局をおく。事務局は理事会の承認を得て，代表理事が定める。

第2章　事　業

第4条　本会は第2条の目的を達成するために，下記の事業を行う。
　　　　1．研究集会の開催
　　　　2．機関誌および会報の発行
　　　　3．研究成果，研究資料，文献目録，その他の刊行
　　　　4．他の研究団体との連絡提携
　　　　5．その他本会の目的を達成するために必要な事業

第3章　会　員

第5条　本会の会員は本会の目的に賛同し，教育方法（教育内容を含む）の研究に関心をもつものによって組織する。
第6条　会員は研究集会に参加し，機関誌その他の刊行物においてその研究を発表することができる。
第7条　本会の会員となるには，会員の推せんにより入会金2,000円を添えて申し込むものとする。会員は退会届を提出して退会することができる。

第8条　会員は会費年額8,000円（学生会員は6,000円）を納入しなければならない。過去3年間にわたって（当該年度を含む）会費の納入を怠ったばあいは，会員としての資格を失う。

第4章　　　組　織　お　よ　び　運　営

第9条　本会には以下の役員をおく。
　　　　　　　代 表 理 事　　1　名
　　　　　　　理　　　事　若干名（うち常任理事　若干名）
　　　　　　　事 務 局 長　　1　名
　　　　　　　事務局幹事　若干名
　　　　　　　監　　査　　2　名
第10条　代表理事の選出は理事の互選による。理事は会員のうちから選出し，理事会を構成する。常任理事は理事の互選により決定し，常任理事会を組織する。事務局長は理事会の承認を得て代表理事が委嘱する。事務局幹事は代表理事の承認を得て事務局長が委嘱する。監査は総会において選出する。

第11条　代表理事は本会を代表し，諸会議を招集する。代表理事に事故あるときは，常任理事のうちの1名がこれに代わる。理事会は本会運営上の重要事項について審議し，常任理事会は会の運営，会務の処理にあたる。事務局は事務局長および事務局幹事で構成する。事務局は庶務および会計事務を分掌し，代表理事がこれを統括する。監査は本会の会計を監査する。

第12条　各役員の任期は3年とする。ただし再任を妨げない。

第13条　総会は本会の事業および運営に関する重要事項を審議し，決定する最高の決議機関である。総会は毎年1回これを開く。

第14条　本会に顧問をおくことができる。顧問は総会において推挙する。

第15条　本会は理事会の議を経て各大学・学校・研究機関・地域などを単位として支部をおくことができる。支部は世話人1名をおき，本会との連絡，支部の会務処理にあたる。

第5章　　　会　　計

第16条　本会の経費は会費・入会金・寄付金その他の収入をもってこれにあてる。
第17条　本会の会計年度は毎年4月1日に始まり，翌年3月31日に終わる。

付　　則

1．本会の会則の改正は総会の決議による。
2．本会則は昭和39年8月20日より有効である。
3．昭和40年8月23日一部改正（第3条・第8条）
4．昭和48年4月1日一部改正（第8条）
5．昭和50年4月1日一部改正（第8条）
6．昭和51年4月1日一部改正（第7条・第8条）
7．昭和54年4月1日一部改正（第12条）
8．昭和59年10月6日一部改正（第3条・第10条）
9．昭和60年10月11日一部改正（第8条）
10．昭和63年9月30日一部改正（第8条）
11．1991年10月6日一部改正（第7条）
12．1994年10月23日一部改正（第8条）
13．1998年10月3日一部改正（第8条）
14．2004年10月9日一部改正（第9条・第10条・第11条）

日本教育方法学会　理事名簿 (2024年8月現在)

1. 理事

○秋　田　喜代美　　学習院大学
　浅　井　幸　子　　東京大学
　阿　部　　　昇　　秋田大学名誉教授
○石　井　英　真　　京都大学
　上　野　正　道　　上智大学
　梅　津　正　美　　鳴門教育大学
　遠　藤　貴　広　　福井大学
○大　野　栄　三　　北海道大学
　小　柳　和喜雄　　関西大学
　折　出　健　二　　愛知教育大学名誉教授
○鹿　毛　雅　治　　慶應義塾大学
○川　地　亜弥子　　神戸大学
　木　原　俊　行　　大阪教育大学
　金　馬　国　晴　　横浜国立大学
○草　原　和　博　　広島大学
◎子　安　　　潤　　愛知教育大学名誉教授
　佐久間　亜　紀　　慶應義塾大学
　澤　田　　　稔　　上智大学
○柴　田　好　章　　名古屋大学
　庄　井　良　信　　藤女子大学
　白　石　陽　一　　元・熊本大学
　髙　橋　英　児　　山梨大学
　竹　内　　　元　　宮崎大学
○田　代　高　章　　岩手大学
　田　中　耕　治　　佛教大学
○田　上　　　哲　　九州大学
　田　端　健　人　　宮城教育大学
　鶴　田　清　司　　都留文科大学
○中　野　和　光　　美作大学
　西　岡　加名恵　　京都大学
　樋　口　直　宏　　筑波大学
　久　田　敏　彦　　大阪教育大学名誉教授
○深　澤　広　明　　安田女子大学
○福　田　敦　志　　広島大学
　藤　井　啓　之　　日本福祉大学
○藤　江　康　彦　　東京大学
　藤　本　和　久　　慶應義塾大学
　冨士原　紀　絵　　お茶の水女子大学
　松　下　佳　代　　京都大学
○的　場　正　美　　愛知文教大学
○三　橋　謙一郎　　徳島文理大学
　三　村　和　則　　沖縄国際大学
○吉　田　成　章　　広島大学
　渡　辺　貴　裕　　東京学芸大学
　亘　理　陽　一　　中京大学

【総計45名：五十音順】

【○印は常任理事，◎印は代表理事】

2. 監査

　川　口　広　美　　（広島大学）
　坂　本　将　暢　　（名古屋大学）

日本教育方法学会入会のご案内

　日本教育方法学会への入会は，随時受け付けております。日本教育方法学会HPあるいは下記のリンク「オンライン入会システム」よりお申込みください。
https://service.gakkai.ne.jp/society-member/auth/enroll/NASEM

　詳しいお問い合わせについては，学会事務局までご連絡ください。

【日本教育方法学会事務局】

〒739-8524　東広島市鏡山1-1-1

広島大学大学院人間社会科学研究科 教育方法学研究室気付

Tel／Fax：082-424-6744

E-mail：nasem-jimu@ml.gakkai.ne.jp

　なお，新たに入会される方は，次の金額を必要とします。ご参照ください。

	一般	学生・院生
入会金	2,000円	2,000円
本年度学会費	8,000円	6,000円
計	10,000円	8,000円

執筆者紹介 ※執筆順

子安　潤（愛知教育大学名誉教授）
阿部　昇（秋田大学名誉教授）
綿引　基子（茨城県公立小学校）
杉本　憲子（茨城大学）
佐久間　亜紀（慶應義塾大学）
菊池　友也（東京都公立小学校）
渡辺　貴裕（東京学芸大学）
佐藤　由佳（国分寺市立第四小学校）
草原　和博（広島大学）
香川　七海（日本大学）
中村（新井）　清二（大東文化大学）
南浦　涼介（広島大学）
北田　佳子（埼玉大学）
橘髙　佳恵（横浜国立大学）

教育方法53　語り合いを生む教育実践研究

2024年11月1日　初版第1刷発行［検印省略］

編　者　Ⓒ日本教育方法学会
発行人　則岡　秀卓
発行所　株式会社　図書文化社
　　　　〒112-0012　東京都文京区大塚1-4-15
　　　　TEL.03-3943-2511　FAX.03-3943-2519
　　　　http://www.toshobunka.co.jp/
組　版　株式会社　エスアンドピー
印刷製本　株式会社　厚徳社
装幀者　玉田　素子

JCOPY〈出版者著作権管理機構　委託出版物〉
本書の無断複製は著作権法上での例外を除き禁じられています。複製される場合は，そのつど事前に，出版者著作権管理機構（電話 03-5244-5088, FAX 03-5244-5089, e-mail: info@jcopy.or.jp）の許諾を得てください。

乱丁・落丁本の場合はお取り替えいたします。
定価はカバーに表示してあります。
ISBN978-4-8100-4784-4　　C3337

あらゆるニーズに応える教育心理学の最良テキスト
改訂版 たのしく学べる 最新教育心理学

櫻井茂男 編　　　　　　　　　　　A5判／264ページ ●定価 本体2,000円+税

目次●教育心理学とは／発達を促す／やる気を高める／学習のメカニズム／授業の心理学／教育評価を指導に生かす／知的能力を考える／パーソナリティを理解する／社会性を育む／学級の心理学／不適応と心理臨床／障害児の心理と特別支援教育

学習意欲を高め，学力向上を図る12のストラテジー
科学的根拠で示す 学習意欲を高める12の方法

辰野千壽 著　　　　　　　　　　　A5判／168ページ ●定価 本体2,000円+税

「興味」「知的好奇心」「目的・目標」「達成動機」「不安動機」「成功感」「学習結果」「賞罰」「競争」「自己動機づけ」「学級の雰囲気」「授業と評価」の12の視点から，学習意欲を高める原理と方法をわかりやすく解説する。

「教職の意義等に関する科目」のためのテキスト
新版（改訂二版） 教職入門 —教師への道—

藤本典裕 編著　　　　　　　　　　A5判／224ページ ●定価 本体1,800円+税

主要目次●教職課程で学ぶこと／子どもの生活と学校／教師の仕事／教師に求められる資質・能力／教員の養成と採用・研修／教員の地位と身分／学校の管理・運営／付録：教育に関する主要法令【教育基本法・学校教育法・教育公務員特例法・新指導要領】

生徒指導・進路指導・キャリア教育論
主体的な生き方を育むための理論と実践

横山明子 編著　　　　　　　　　　A5判／240ページ ●定価 本体2,000円+税

主要目次●生徒指導・進路指導・キャリア教育の歴史と発展／ガイダンス・カウンセリングの基礎的理論／児童生徒理解の方法・技術／生徒指導・進路指導・キャリア教育の組織と運営／児童生徒の問題行動の特徴と支援／生徒指導・進路指導・キャリア教育のアセスメント　ほか

わかる授業の科学的探究
授業研究法入門

河野義章 編著　　　　　　　　　　A5判／248ページ ●定価 本体2,400円+税

主要目次●授業研究の要因／授業を記録する／授業研究のメソドロジー／授業ストラテジーの研究／学級編成の研究／発話の研究／協同の学習過程の研究／発問の研究／授業タクティクスの研究／空間行動の研究／視線の研究／姿勢とジェスチャーの研究／板書の研究　ほか

教職課程「教育の方法及び技術」のためのテキスト
四訂版 教育の方法と技術

平沢茂 編著　　　　　　　　　　　A5判／184ページ ●定価 本体2,000円+税

目次●教育方法・技術にかかわる基本概念と理論の展開／授業設計と授業の実践／カリキュラム開発／教育の情報化／教育における評価

〒112-0012 東京都文京区大塚1-4-15　**図書文化**　TEL03-3943-2511　FAX03-3943-2519
http://www.toshobunka.co.jp/